起業で成功する人、失敗する人

3つのフェイズで
起業前から
起業後5年までフォロー

金原隆之

フォレスト出版

まえがき

3つのフェイズから考える生き残る起業

昨今、起業はとても身近な存在になり、ブームになっているともいえます。

しかし、起業した人のうち、どのくらいの人が事業を継続できているか、その割合はあまり知られていません。

実は、法人と個人事業主を合わせた最近の統計データはありません。しかし、私が身を置く起業コンサルタントの業界では、日本の起業家の**起業後2年間の生存率は20％を下回っている**と考えられています。**5年後の生存率に至っては5％ほど**しかありません（2005年の中小企業庁のデータによると、法人と個人事業主を合わせた生存率は1年後20％、5年後7％、10年後3％。さらに2014年の総務省統計局の発表によると、年々廃業率は高まり、企業生存率は低下しているとのこと）。

さらに、起業に向けて何らかのアクションをした人すべてを含めれば、その割合はさらに下がります。起業すらできなかった人も多数いるわけですから当然です。

それだけ、ブームとは裏腹に、生存競争は熾烈《しれつ》を極めているのです。

私はこれまで起業コンサルタント（インキュベーター）として１０００件を超える起業相談を受けており、４００件を超える起業サポートを行ってきました。

常に起業の最前線で起業家をサポートし、現在では年間60件以上のスタートアップ企業の支援をしています。

そして、私の支援を受けたクライアントは、日本の企業生存率を大幅に超え、**2年後の生存率80％を継続**しています。

驚異の生存率80％の理由

なぜ、私のクライアントが起業2年後の生存率80％を維持しているか不思議に思うかもしれませんが、実は特別なことをしているわけではありません。

かつての私のコンサルティングは、他のコンサルタントと同様に、原則としてクライアントが起業するまでのサポートしかしていませんでした。結果として、起業したクライアントを追跡調査してみると、起業後2年以内に廃業してしまったという人が相当数いるという現実にぶつかったのです。

当時、私が受けた起業の相談300件について、その後の状況を整理したことがあります。そのときに出た数字が次のようなものでした。

起業相談から起業に至った割合：46％（300件中140件が起業）
起業後2年間の生存率：43％（140件中60件が2年間事業継続）
起業後5年間の生存率：11％（140件中15件が5年間事業継続）

冒頭で見たデータよりは生存率は高いものの、忸怩《じくじ》たる思いがありました。

あきらかに資金が不足していたり、起業家としての責任感が足りていない人には、無理に起業をすすめない方針をとっていたので、実際に起業した人の数は相談件数に対してそれほど高くはありません。しかし、そのうえで起業した140件のうち半分以上が2年以内に廃業している現実に、コンサルタントとしては責任を感じずにはいられませんでした。

そこで私は、**起業をゴールにするのではなく、起業前から起業後2年までをサポートするコンサルティング手法にシフトさせました。**

そして、最も変化が激しく、大切な起業後2年間を徹底的にサポートした結果、前述のように起業2年後の生存率を80%まで引き上げることができたのです。もちろんその間に、3年目以降の経営を安定軌道に乗せるためのフォローもしています。

さらに、こうしたコンサルティングをしていく中で、私は起業で成功する人がやっていること、失敗している人がやってしまうことが、よく見えてくるようになりました。

成功するまでに立ちはだかる3つのフェイズ

私は、起業を成功させるためには3つのフェイズを越えなければならないと考えており、本書ではそれぞれのフェイズにおいて、どうすれば成功するか、あるいは失敗するかを解説しています。

1つ目のフェイズは**起業するまでの準備期間**です。

残念ながら、多くの起業志望者は、無意識のうちに「起業=ゴール」と勘違いをしています。起業準備をしてきた者からすれば、確かに起業は1つの区切りですが、ただ単に起業するのであれば、「ヒト・モノ・カネ」がある程度そろってさえいれば、それほど難しいものではありません。

しかし、起業後を意識した準備をせずに生き残ることはほとんど不可能です。

2つ目のフェイズは**起業から2年間の生存競争**です。最も脱落する人が多いフェイズということもあり、経営者としてもそうですが、プレイヤーとしてすべきことが膨大で、眠れぬ夜が続く時期になります。生き残るための市場の開拓や商品・サービスの値決め、キラーコンテンツの開発や顧客のファン化のための方策など、企業の生死に直結するような重要な決断が連続します。

しかも、それらは起業後の半年の間にしなければならないため、起業したからといって満足感に浸っている暇はありません。

3つ目のフェイズは**起業後5年間の事業継続**です。このフェイズでは、企業としての経営力が問われます。経営計画を作成したり、停滞している事業の改革を行うのもこの時期となります。フェイズ2の結果をベースに、販売戦略をさらに練り込まなければなりません。また、金融機関との連携も強化して、資金繰り計画を立てるといった、経営者にしかできない仕事に注力するのもこのタイミングとなります。

起業をして、事業を軌道に乗せるには、経営者としてしなければならないことがたくさんあります。

しかし、それを1つ1つ虱潰《しらみつぶ》しにしたところで効率的とはいえません。そこで本書では、限られた時間の中で、**「いつ、どこで、何をするか」**を明確にした構成になっています。

起業には正解ルートがないといわれることがあります。業種も異なれば規模も違いますし、その時々の景気の影響を受けるわけですから、当然といえば当然です。

しかし、少なくとも「やるべきこと」と「してはいけないこと」は明確です。そして、この2つを徹底的に意識すれば、ほとんどの失敗要因をなくすことができるのです。

95%の敗北者のその後

現在の日本では、約95%の起業家の皆さんが、5年以内に倒産・廃業という道をたどり、少なくないダメージを受けることになります。

借金返済のために財産を売却、家族に影響を与えて一家離散、債務整理や自己破産などといった憂き目にあうことは決して珍しいことではありません。

起業を考えはじめるとき、誰もが「自分だけは大丈夫」と思いがちです。しかし、95％の人が脱落している現実の前では、それはあまりにも楽観的であることに気づくでしょう。

起業ブームということもあり、書店のビジネス書コーナーには関連本が所狭しと並んでいます。どれも信用に足る本だとは思いますが、どちらかというと起業の「手軽さ」がアピールされ、実務的なものよりも、自己啓発的な内容の本が目につきます。

起業しようかどうか迷っていて、一歩踏み出すことをためらっているような人の背中を押す分には効果的でしょう。しかし、多くの起業家が脱落している現実にも向き合う覚悟が必要とも感じます。

もちろん、起業家としてのメンタルは大切であり、本書のフェイズ1でもその重要性を語っています。しかし、現実的なリスクや実務的な作業を知ることも、同様に大切なはずです。

したがって本書では、メンタルや知識、そして実務の両面から過不足なく解説させていただきました。

私はこの本を通じて、起業家の皆さんには5年間の事業継続を必ず成功させて、ビジネス界に生き残る経営者になってほしいのです。

そのための「手引書」として、ぜひ本書をご活用ください。

5年以上の事業継続達成チャート

フェイズ１
起業準備

- 起業家としてのマインドセットの確立　1 2 3
- 起業ストーリーの構築（過去と未来の自分を繋ぐ）　4
- 「やりたくないこと」「やれること」の明確化　5
- 自己資金の調達　6
- 資金計画の作成　7
- 資金調達（創業融資の獲得）　10 11
- フランチャイズへの加盟検討　8 9

起業のスタート

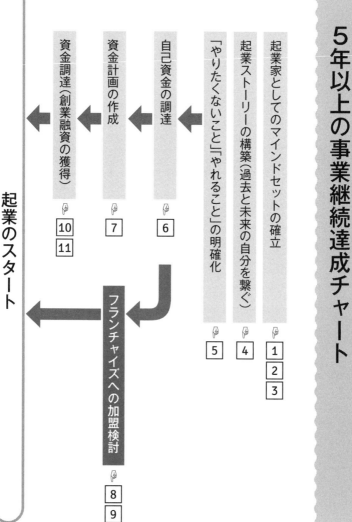

フェイズ２
起業後２年間

起業後半年以内にすべきこと

- 創業期間（起業後2年間）の戦いの準備を開始　12　13
- ブルーオーシャン戦略を探る　14
- 値決め（プライシング戦略）　14
- キラーコンテンツの確立　15
- FFMB戦略の構築　16
- ターゲット層の絞り込み（3C分析）　17
- 顧客のファン化（AIDMAの構築）　18
- セールスファネルの導入／KPIの導入した販売管理戦略　19

起業１年後からすべきこと

- 資金繰りの見直し　20　21
- 事業の1年間の成績を確認（キャッシュフロー計算書）　22
- 事業の1年間の成績を確認（損益計算書）　23
- 事業の1年間の成績を確認（貸借対照表）　24

フェイズ３
５年間の事業継続

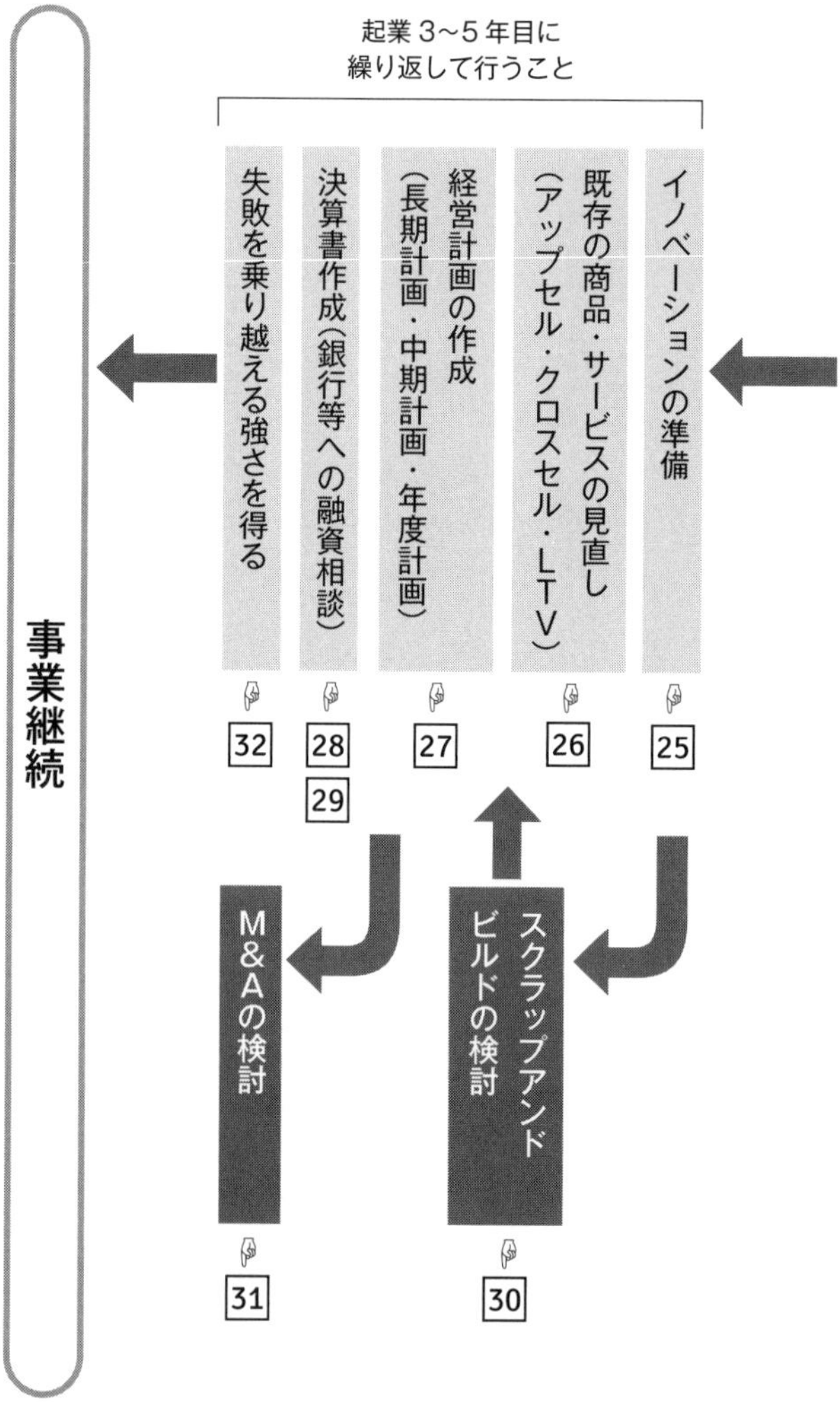
起業３～５年目に
繰り返して行うこと
イノベーションの準備
25
既存の商品・サービスの見直し（アップセル・クロスセル・ＬＴＶ）
26
経営計画の作成（長期計画・中期計画・年度計画）
27
決算書作成（銀行等への融資相談）
28
29
失敗を乗り越える強さを得る
32
スクラップアンドビルドの検討
30
Ｍ＆Ａの検討
31
事業継続

もくじ　**起業で成功する人、失敗する人**

フェイズ2 起業後2年間

安定軌道に乗せるためのサバイバル

フェイズ3 5年間の事業継続

絶対負けない経営力の育て方

装　丁　西垂水敦・市川さつき（krran）
図版作成　富永三紗子
本文デザイン・DTP　フォレスト出版編集部

フェイズ1

起業準備

起業＝ゴールではない

1

起業家にとって「行動力」や「決断力」よりもっと大切なこととは？

起業家としてのマインドセットの確立

起業に勢いは必要ない

起業の準備期間といえば、その「事業内容」や、必要な資金を集める「資金調達」、社員やアルバイト等の従業員を集める「人材確保」などを思い浮かべることでしょう。当然、これらの準備が不足していれば、起業することはできません。

その際に最も大切になるのが「行動力」と「決断力」、ではありません。むしろ、**石橋を叩いて渡るくらいの慎重さと、常に「もしもの時」を想定するような臆病さのほうが必要**になります。

「起業には勢いが必要だ」と主張する人は多く存在します。そして、素直な人ほどそうした声に熱心に耳を傾け、勘違いをしてしまいます。

そもそも、そのような主張をする人の多くが長く経営をされている社長や経営コンサルタントであることを忘れてはいけません。彼らはすでに事業を成功させているか、事業を成功させている社長を相手に仕事をしている人です。

長期経営をしている社長と起業を考えている人とでは、事業において必要な考え方や準備するものがそもそも異なるのです。確かに彼らには「行動力」や「決断力」は必須です。経営を安定させて伸ばしていくためには立ち止まることもできず、常に決断に迫られているからです。

しかし、そんな社長たちも最初から輝いていたわけではありませんし、起業当初は今と違う考え方や行動をしており、その先に現在の成功を手にしたのです。

したがって、これから起業を考えている人は、とりあえず憧れの存在は頭の片隅に置いておきましょう。

起業後に失敗する人の典型例

実は**「行動力」や「決断力」で熱くなった人というのは、起業で失敗する典型的なタイプ**です。

彼らの特徴は、自身のやりたい仕事（業種）と、それに必要な資金の調達についてのみに注力します。

しかし、それよりも大切なのは次節以降に説明する志や理念に基づいた計画です。「なぜ自分はこの仕事をしたいのか？」「この仕事でどこを目指すのか？」「どういうお客様に来ていただきたいのか？」「社会にどのように貢献できるか？」といったことを突きつめたうえで、起業後も継続するための事業や資金繰りの計画を念入りに練らなければなりません。

見切り発車で起業ができても、「思っていたのと違う」「やりがいが感じられない」ということに気づいたとしたら、それはもう後の祭りです。

私が実際に受けた相談例で説明しましょう。

店舗経営のビジネスで起業したいという人が資金調達の件で相談に来ました。その人はすでに開業したい場所（店舗）も決めていて、採用予定の従業員の目処も立っている状況であると説明してきました。後は資金調達さえできればお店をオープンでき、事業は成功するはずとのこと。そして、すでに次のビジネスに挑戦したいという考えを持っていました。

私はこの相談を受けながら、この人はオーナー業として起業したいのだと感じました。自ら店舗の中に入ることはせずに、オープンした後は従業員に任せておけば店は勝手に繁盛すると考えているのです。

すでに経験と実績を残している起業家であれば、独自のノウハウを使って成功させられるかもしれません。

しかし、この人はじめての起業ということでした。最初の1店舗目を軌道に乗せるだけでも相当な労力がかかるはずですが、その口ぶりからは、自分がはじめようとするビジネスへのこだわりのなさを、私は感じてしまいました。

これは起業はできても起業後に失敗する可能性が高い人の典型です。一見、「行動力」「決断力」があり、やり手のように見えるかもしれません。しかし、**起業できても思い入れが浅いので、事業継続に絶対に必要な粘り強さはない**と感じます。

起業までの時間の短さを競うよりも、起業後の事業継続のほうがずっと大切です。そのために必要なのが、自分のビジネスへの強いこだわり、起業家としてのマインドセット、「勝つべくして勝つ」くらいの計画を練り込める周到さです。

事業の安定した継続を視野に入れるとすれば、**起業の3つのフェイズのうち、「起業準備」の重要度は全体の60％を超える**と私は考えています。要するに半分以上の割合で「起業準備」に力を費やさなければならないのです。

「戦いの勝敗は、戦う前の準備で決まる」のです。

起業前の段階であるフェイズ1では、起業することはもちろん、起業後も負けないための準備について詳細に説明します。

◆成功する人は慎重かつ臆病。

◇失敗する人は行動力と決断力で突っ走る。

2 すぐにわかる起業家としてのマインドセットがある人・ない人とは？

🔑起業家としてのマインドセットの確立

起業初心者には敬遠されやすいのですが、起業家としてのマインドセットの大切さについて口をすっぱくして言わなければならないほど、足りていない人が多いのが事実です。マインドセットが整っていないと、たとえ起業できたとしても、その後すぐに失敗する可能性が極めて高くなります。

では、起業家としてのマインドセットとは何でしょうか？　そしてそれを持っている人と持たない人は何が違うのでしょうか？

転職をするように起業を考えてはいけない

私のところに起業の相談に来られる人の中で多いのが、**「転職をするように起業を考え**

ている人」です。これは本人も気づいていないことが多いのが特徴です。

10年前と比べて起業が身近なものになった弊害として、気軽に起業しようとする人が増えました。

現在のビジネスが「嫌だから」「つまらないから」「辞めたいから」という理由を出発点にして起業を考える場合は危険です。その場合は、素直に転職することをおすすめします。なぜならば、そのような後ろ向きな考え方は起業に一番適していないからです。起業は前向きな姿勢で挑まなければ成功しません。

知らず知らずのうちにこの状態に陥っている人の口癖は次の2つです。

「前職が自分に向いていなかった」

「本当はもっと別の仕事が自分に合っている」

この言葉が自身の頭の中から離れない人や、すぐに口から出てしまう人は、自分では気づかないうちに「転職をするように起業を考えている」はずです。

「儲かりそうだから」は「時給がいいから」と同レベルの動機

では、どのような思考が真の起業家としてのベストマインドなのでしょうか。

それは起業を考えている人自身が「自らのビジョン（信念）を持っている状態」であることです。「ビジョン」や「ミッション」という話をすると、急にコンサルタントが用いがちな抽象論になりそうですが、要は「なぜそのビジネスを選んだのか？」に対する明確な答えを持っているかどうかなのです。

たとえば、ラーメン屋を起業したいという人がいたとします。その場合、起業家マインドを持っている人と持っていない人とでは、次のように分かれます。

起業家マインドを持っている人：どうしてもラーメン屋になりたい人。
起業家マインドを持っていない人：とりあえずラーメン屋でもいいと思っている人。

この2つを比べてみると、マインドのレベルに差があることが言葉のニュアンスでわかると思います。

前者は「自分のラーメンの味で多くのお客様に幸せになってほしい」「昔食べたなつかしの味を、どうしても現代に復活させたい」「自分が本当にやりがいが持てるのは、他の飲食ではなく、大好きなラーメンだけだ」といった情熱が宿っていそうです。

しかし後者は、「儲《もう》かりそうだから」とか「誰でもできそうだから」といった、情熱よりも損得勘定のほうが先に立っている印象を受けます。これでは、学生のアルバイトの志望動機と大差ありません。

起業家タイプか、投資家タイプか

よりわかりやすく理解するために、もう1つ、起業家マインドがあるかないかをチェックする別の判断基準で説明しましょう。

起業家マインドを持っている人：いかに事業を継続していけるかを考える。
起業家マインドを持っていない人：いかに儲けるかのみを考える。

私のところに起業相談に来る人たちも、ほぼどちらかに分類されます。

前者は駆け出しですが、起業家としての資質を持っています。後者は起業家というよりは投資家に近い資質です。これは、どちらが良い悪いという話ではなく、起業・創業に適しているかどうかの話です。

皆さんはどちらのタイプですか？　そして今検討しているビジネスは、どうしてもやりたいことですか？

今一度、自分と向き合ってみてください。

このマインドセットは起業をする際にすべての土台になるものなのです。

これを持たずに起業をするということは、土台がないところに建物を建てようとするのと変わりません。


♦成功する人はビジネスの継続を優先する。

◊失敗する人は損得勘定を優先する。

3

お金を集めるため、儲けるためのリアルなマインドセットとは？

🖉起業家としてのマインドセットの確立

いくら心の底からやりたいビジネスがあったとしても、お金がなければ起業はできませんし、儲けがなければ事業を継続できません。

起業家には、お金に対するマインドセットも重要です。

お金の本質を理解する

最近では「自分の好きなことだけやっていれば成功する」「世の中に役立つことをしていれば、お金は後からついてくる」といった発言を非常によく耳や目にします。

とても前向きになれる言葉ですし、確かにそうだな、と思えるときもあります。

一方で、「1億円稼ぐ」といったギラついた惹句《じゃっく》が躍る本に嫌悪感を持つ人もいることでしょう。

とはいえ、**お金儲けに対して罪悪感を持ってはいけません。**

先述しましたが、すでに成功している人の現在のマインドセットを、駆け出しの自分にあてはめて考えるのは危険です。

というのも、「自分の好きなことだけやっていれば成功する」「世の中に役立つことをしていれば、お金は後からついてくる」という言葉は、成功者が自らを増長させないように戒《いまし》めたり、お金と欲望のバランスを安定させるために用いる発言だからです。

したがって、これから起業を考えている人がこうした考えに固執してしまうと、お金に罪悪感を持ちはじめ、稼ぐこと自体が悪いことのような感覚に陥ってしまいます。「お金にこだわるのは卑《いや》しい」「お金にこだわらないのは心が清らか」というような価値観を持っている人に、お金は集まってきません。

全力でお金を稼ごうとしている人と、悩みながら稼ごうとしている人では勝負にならないのです。

金儲けを狙う人には2パターンある

前節で、「いかに儲けるかを先に考える人は起業家に向かない」と説明したばかりですが、儲けることを考えること自体は起業家として正しすぎる姿勢です。

しかし、**「儲けるためにどんなビジネスをするか」と「このビジネスでいかに儲けるか」というのは、似ているようで全然違う**ことを理解しましょう。

◆**成功する人はお金にドライ。**

◇失敗する人はお金に清らか。

4 思い描いている未来の起業ストーリーは過去と繋がっているか？

☞起業ストーリーの構築（過去と未来の自分を繋ぐ）

ビジネスモデルを考えている人の多くが、これからの未来を考えすぎて、過去を疎《おろそ》かにしてしまう傾向があります。

確かに未来について考えることは重要ですが、過去の自分がいるから今があることを忘れてはいけません。それだけ過去の経験は、起業において重要な要素なのです。

過去の自分と未来の自分を、現在の自分が繋ぐように起業ストーリーをつくらなければ成功にはたどり着けないのです。

過去の自分と向き合うことで未来の自分が見えてくる

成功への近道は、これまでに体得した技術や知識をベースに「自分ができること」を念頭に置いてビジネスモデルを考えることです。逆にそれを無視して起業するのは、失敗する起業の典型です。

当たり前のことを言っているようですが、これができている人が非常に少ないのが現実です。

たとえば、起業相談に来られる人の「○○がやりたい」や「○○のようになりたい」というような発言はよく聞きますが、「私は□□ができる。だから、このビジネスを○○のように構築する」と話す人にはなかなか出会えません。

つまり、**「自分ができること」を見つけることで、自分がどのような起業ストーリーを描けるかが見える**のです。

未経験の職種の場合は副業から

昨今の日本のビジネス業界では、副業も注目されブームになりつつあります。必要な経験と知識を得るためには、**副業で起業するという選択肢も有効**です。

もちろん、これまでの経験や知識をベースにしてビジネスモデルを構築できればベストですが、未経験ではあるけれども、どうしてもやりたいビジネスがある場合は、まずは副業からはじめるのです。

未経験のビジネスに挑戦するにあたって、それくらいの努力を惜しむべきではないでしょう。つまり、その覚悟がないのであれば、起業を断念すべきだと考えます。

自分が持ち得ていないものが必要な場合は、どうにかして入手しなければなりません。その入手する方法として副業を選択するのは決して遠回りではないのです。

◆成功する人は過去からスタートする。

◇失敗する人は現在からスタートする。

5

やりたいこと、やりたくないこと、やれることがわかっているか？

「やりたくないこと」「やれること」の明確化

起業ノウハウ本や、ビジネス書には「心が喜ぶことで起業しよう」や「好きな仕事だけをしよう」という言葉が躍っています。

これは間違いではないのですが、最初からこの言葉通りに行動すると、待っているのは失敗、無職への道です。

なぜならば、考える順番を間違えているからです。

まず、前節でも解説したように、自分が「やりたいこと」が、今の自分に「やれること」ではない場合の起業へのハードルは相当高いものです。

そして起業を成功させるには、**「やりたいこと」「やりたくないこと」「やれること」を明確にして、いかに「やりたくないこと」**を排除するかが重要だからです。

やりたくないことを明確に

「やりたいこと」で起業したにもかかわらず、「思っていたのと違う」と感じてしまったときの絶望感は想像以上です。それまでの時間もお金も、すべて無駄になってしまうのです。

そもそも、今自分で考えている「やりたいこと」が、後になって考えたり、経験してみると、実はそうではなかったと気づくことがあります。テレビやネットの影響を受けすぎていたり、世間体に流されて、それを「やりたいこと」と勘違いしているような場合です。あまりイメージできないかもしれません。例えるならば、熱愛をへて結婚したものの、一緒に暮らしてみたら許容し難い性格や習慣の不一致に気づいてしまうような事態です。

では、どのようにして「本当にやりたいこと」を見つければいいのでしょうか。

それは「自分のやりたくないこと」を可能な限り書き出して、明確化させるのが第一歩です。

自分のやりたくないことがわかれば、結果的に本当にやりたいことが見つかります。それは、潜在的に持っていた「やりたいこと」として姿を表します。この過程を踏まないと、「本当のやりたいこと」は見えてきません。

なぜなら、「やりたいこと」の中には「やりたくないこと」も含まれていることがあるからです。

たとえば、**起業したい業種に参入するためには、大嫌いな飛び込み営業をして、顧客を獲得しなければならないとしたらどうでしょう。**この場合、やりたくない飛び込み営業を続けていくことで、いつか心が折れてしまう可能性を想像できるはずです。

やりたくないこととして「飛び込み営業」を最初に書き出しておけば、この業種を選択しなかったかもしれませんし、「飛び込み営業」を覆すようなビジネスモデルを構築して起業できていたかもしれません。

私のサポートを受けて、リユース業として起業した人がいました。

もともとリユース業界に勤めてきた人で、経験も実績も十分にあり、私は不安を感じていませんでした。ところが、経験者ゆえに避けていたことがあったのです。

それは「在庫の保管」でした。通常のリユース業では、顧客から商品を買い取り、その商品を他の顧客に販売して利益を生む仕組みとなりますが、それが売れるまでの在庫管理がとてもネックです。つまり、せっかく仕入れた商品が、売れるまでは利益を生まないどころか、保管する場所も必要となり、経営を圧迫してしまうのです。

そのことを本人は、かつての職場で身をもって知っていたはずです。しかし、知っていだからこそ、なるべく考えないようにこの問題を放置していました。

つまりこの人は、単にリユース業で起業したかったというわけではなかったということです。「在庫を持たないで、これまでの経験を生かして起業したかった」というのが本音でした。

そのことに気づいたことで、「無在庫のリユース業」というビジネスモデルを構築し、なんとか経営を立て直すことができました。

このように、**かつて経験した業種で起業したとしても、「やりたくないこと」は潜んでいるものです。**

これからやりたいと思っている仕事の中に、どうしてもやりたくないことはありませんか？　今一度、確かめてください。

◆成功する人はやりたい仕事の嫌いなところを探す。

◇失敗する人は嫌いな仕事を好きな仕事と勘違いする。

6

資金調達法の中の自己資金の意味を知っているか？

自己資金の調達

事業におけるすべての礎《いしずえ》は資金にあります。そして、ほとんどの起業においては、自己資金はもちろん、金融機関等から資金調達するのが現実的です。

パソコン1台あれば商材を生み出せるようなビジネス（ライター、デザイナー、イラストレーター、動画編集など）をしている個人事業主であれば、自己資金だけで十分という人は多いでしょう。

しかし、いつまでも現在のビジネスモデルが変化なく続く保証はないはずです。資金調達について学んでおくことで、リスクヘッジ、あるいはステップアップのヒントを得る足掛かりになるかもしれません。

ここからは起業に関わる資金とその計画について見ていきます。

資金調達の5つの方法

資金調達の主だった方法といわれるのは、次の5つになります。

①金融機関からの融資。
②自己資金の投入。
③自己資産の売却。
④ベンチャーキャピタルなどからの投資。
⑤クラウドファンディング。

②はマストとして、それにプラスして①の金融機関からの融資が基本的な資金調達の方法です。

③の自己資産の売却は起業後に行き詰まったときや、どうしても自己資金が用意できなかったときの最後の手段と考えるべきであり、事業資金として最初から手放すカードではありません。

④のベンチャーキャピタルなどからの投資は、通常の起業の際には相手にされません。
また、⑤のクラウドファンディングは、チャレンジするとしても、あくまでもサブの資金調達として認識しなければなりません。不特定多数の人たちに対して、自分のビジネスに共感してもらい、さらに出資までお願いするわけですから、普通に考えてかなりハードルの高い資金調達方法です。

自己資金がないと融資を受けられない

「起業のためには自己資金が必要。なぜなら自己資金がないと創業資金を融資してもらえないから」というのは、ネットや書籍の影響もあり、広く知られるようになりました。

わかりやすく説明すると、「自己資金が１００万円あるから４００万円の融資を借入できる」というように、手持ちの自己資金に応じておおよその融資額が決まる傾向があります。目安として、**自己資金の4倍程度**と考えておいてください。

私のところに来る相談者を見ていると、金融機関へ希望する融資額に対して十分な自己資金を用意する人と、用意できない人とでは、**起業2年後の事業継続率の差は格段に広がります。**

自己資金と融資額の関係

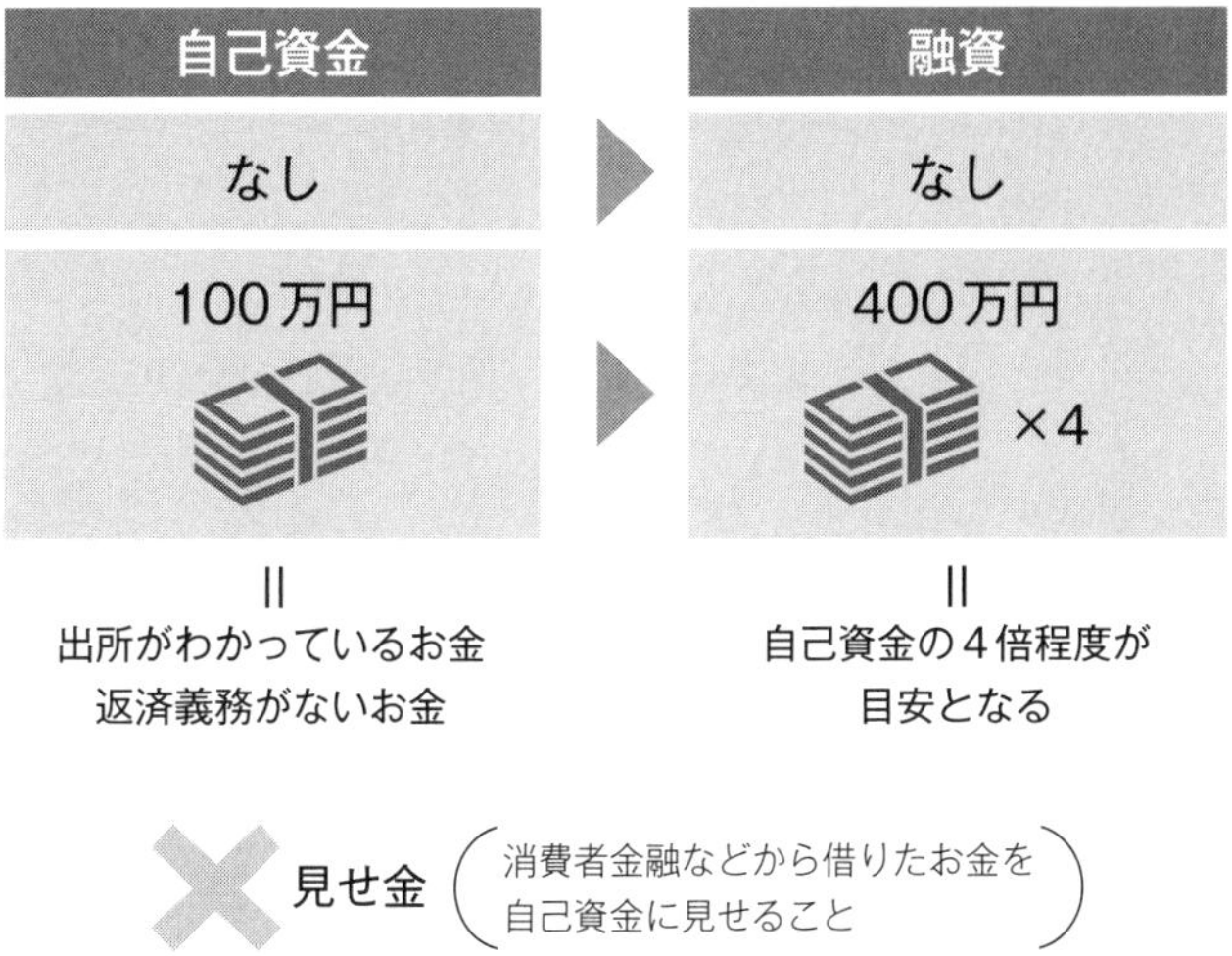

だからといって、消費者金融や友人・知人から借りたお金で自己資金を水増しするのはＮＧです。いわゆる「見せ金」と判断されます。

そもそも自己資金とは、融資する側の金融機関から見ると、借り主の「手元にあるお金」という意味ではありません。**自己資金とは、「出所がわかっているお金」「返済義務がないお金」**と定義されます。

創業資金の融資の審査の際には預金通帳の元本を提出しなければならず、出入金記録に不規則な箇所がないかチェックされます。タンス預金であったとしても、その出所は追及されます。

たとえ親からの贈与でも、親の通帳

も同様にチェックされますし、贈与税が発生する分は自己資金とは見做《みな》されません。したがって、贈与税の申告書を要求されます。ただし、非課税である１１０万円以内での贈与であれば、全額を自己資金とすることはできます。

金融機関からの融資を受けるには、自己資金の準備は必須であり、それを見せ金で取り繕わなければならないようであれば、一度計画を見直すべきです。

◆成功する人は自己資金の意味を知っている。

◇失敗する人は手持ちのお金を自己資金だと思っている。

7 ほとんどの資金計画が間違っているのはなぜか？

資金計画の作成

金融機関に融資をお願いするときには、資金計画を立てなければなりません。

私のクライアントが持ってくる資金計画を見ると、ほとんどのケースで大きなミスをしています。それは、自己資金をすぐに使うことを前提に予算が組まれていることです。

当然のことと思われるかもしれませんが、こうした考えは、事業の終わりを急速に早めてしまうのです。

イニシャルコストに自己資金を入れるのは最大のＮＧ

基本的に開業し、ビジネスを継続させていくための事業資金は、機材の購入や店舗の改装などの設備投資に使われるイニシャルコスト（初期費用）と、仕入れ代や人件費、家賃

自己資金はランニングコストに入れる

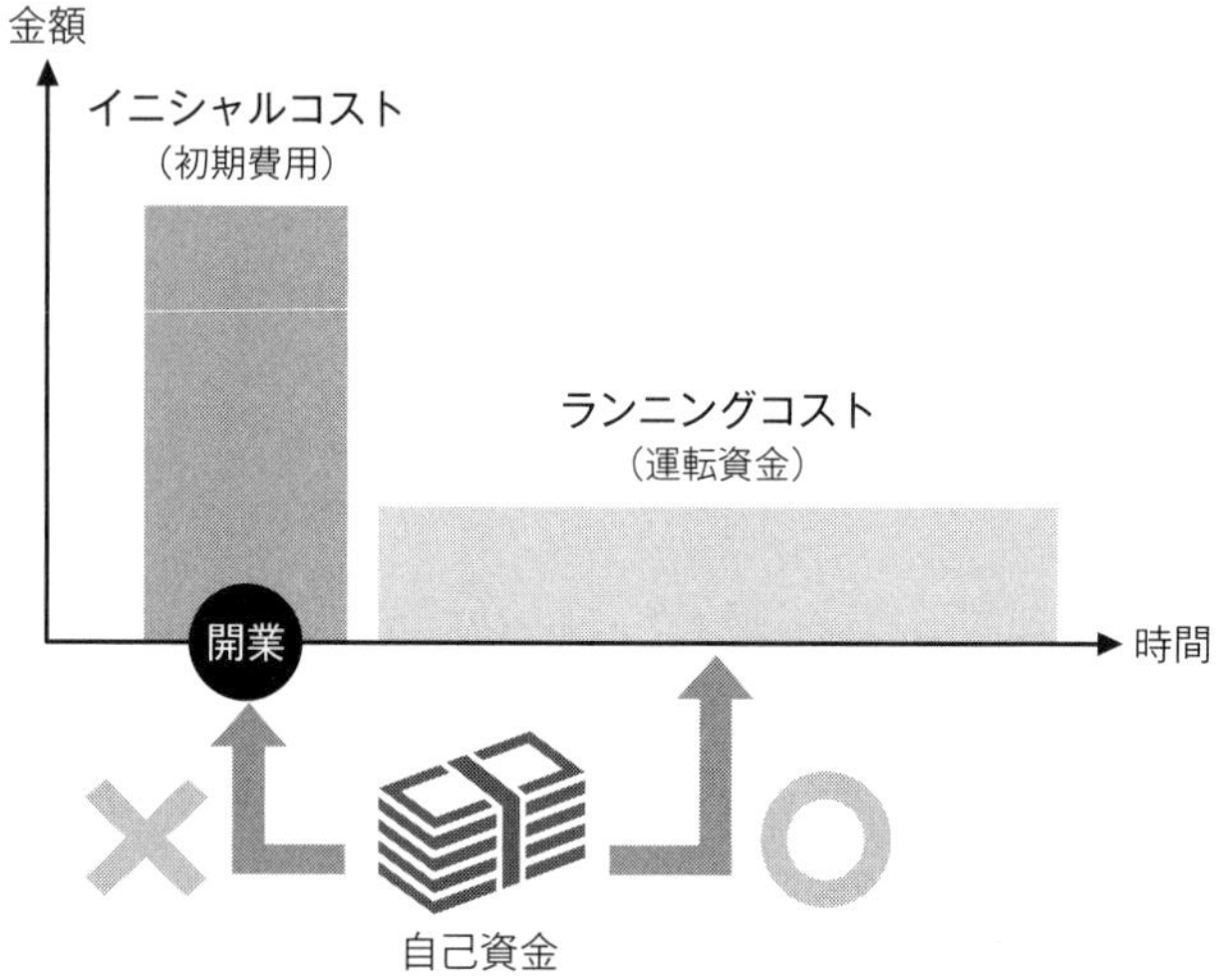

などの継続して発生するランニングコスト（運転資金）に分かれます。

自己資金の使い方として一番避けなければならず、かつ最も多い例が、イニシャルコストに自己資金をあてて計画してしまうケースです。

イニシャルコストは、見積書があり、明確に金額が判明している当初から予算組みができる「確定費用」なので、あくまでも金融機関からの融資等による調達資金でまかなうのが鉄則です。そして、金融機関からの融資が受けやすい費用であるのが特徴です。

このイニシャルコストに自己資金を投入してしまうと、**わざわざ確定費用を目減りさせることになり、その分、**

融資額も下がることになります。たとえば、500万円の確定費用があったとして、そこに自己資金100万円を投入したとしたら、融資額は500万円ではなく、最大でも400万円になってしまうというわけです。

ランニングコストに自己資金を入れるのは正解なのか？

では、自己資金はランニングコストに組み込めばいいのでしょうか？

この考え方は半分当たっていて、半分間違っています。

「確定費用」と比較して、ランニングコストは経費の中の固定費（家賃や人件費等）を除けば「不確定費用」となります。

不確定費用は非常に計測しにくいため、事業計画の中で計算しづらいものとなります。この**見通しが立たないものにこそ、自己資金をあてるべき**という考え方が一般的です。見通しが立たないものについては、なかなか融資が受けづらいのです。

自己資金は何の制限もなく使える資金なので、融資が出にくい部分をカバーするには打ってつけなのです。

自己資金は実質上は余剰資金に

自己資金の使い方として理想なのは、名目上は自己資金をランニングコストの中に入れていたとしても、実質上は予算に組み込まない「余剰資金」にすることです。

仮に事業資金が500万円必要だった場合、自己資金を100万円用意して、400万円の融資を受けたとしましょう。合計で500万円になったわけですから、これはこれでOKです。

では、自己資金を実質上「余剰資金」にするとは、どういうことでしょう?

47ページの図のように考えてみてください。**事業資金に500万円必要であれば、あえて600万円融資してもらえるように交渉し、100万円の余剰資金を生み出す**のです。自己資金は、予期せぬアクシデントがあったときのための、最後の手段として残しておかなければなりません。

起業において、最終的に頼りになるのは自分のお金だけです。その自己資金をイニシャルコストに投入してしまうのは言わずもがな、ランニングコストに入れておいても、創業間もない不安定期だと、いつ使い切ってしまうことになるかわかりません。

自己資金を余剰資金にする考え方

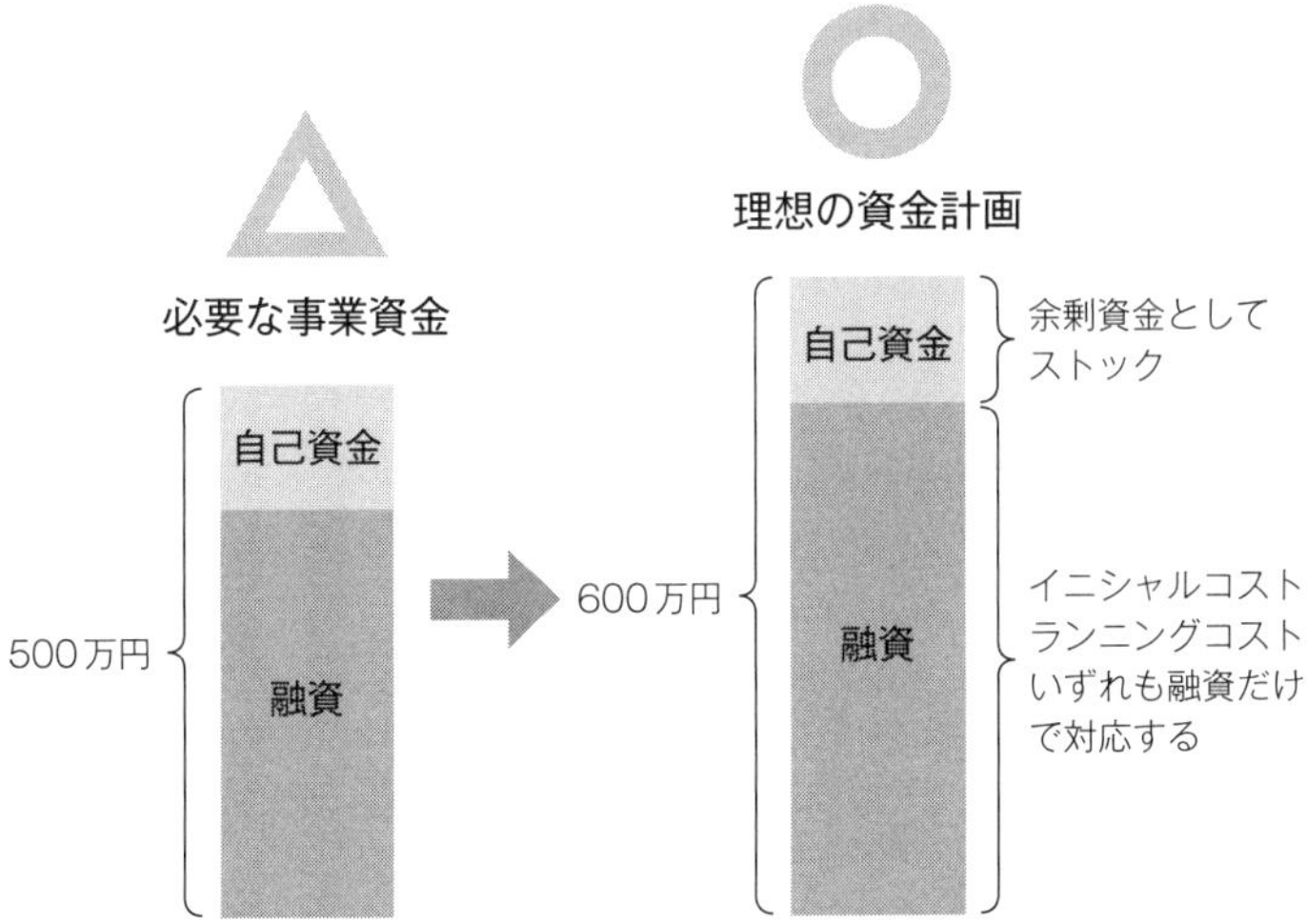

そこで、できるだけ安定したスタートを切れるように、創業融資の際には少し余裕をもった金額を借入できるようにするのが得策です。いかにリスクを抑え、自己資金という切り札を持ち続けられるかが重要となるのです。

自己資金を事業資金に組み込んで大失敗

私のサポートを受けて、個人事業主として飲食業で起業した人がいました。もともと飲食業界で働いてきた人で、経験も実績も十分にあったために自信を持っていたそうですが、1点だけ不安材料がありました。それは自己資金が少ないことでした。

最低限の資金で事業計画を組んだこともあり、自己資金も事業資金に組み込まなければならないスタートとなったのです。

開店から6カ月後に私のところに来たのは、黒字倒産（↓125ページ）しそうだという連絡でした。

飲食業や小売業では、手元にある余剰資金は非常に大切となります。

事業資金として考えるイニシャルコストやランニングコストは、見えている支出に対しては準備できますが、突発的な支出に対してはなかなか対応できません。

そんなときに救いとなるのが、余剰資金である自己資金なのです。

飲食業や小売業では、必ず「仕入れ」が発生します。

通常のサイクルの仕入れであれば、ランニングコストに入れていますが、突発的なものや、何かしらのトラブルがあった際には、その費用の捻出は非常に困難となります。

このケースも、自己資金がなかったために起きてしまった事態だったのです。

私は、すぐに問題となっている支出について詳細を聞き、支払いサイクルを伸ばし、また、売掛金となるクレジットカードの売上金の入金サイクルを早めて、店舗の手持ちキャッシュを増やすことに着手しました。

これによって、この飲食店は持ち直し、黒字倒産の危機を脱したのです。

今回のケースでは、もし自己資金が余剰資金として確保できていたならば、問題にならなかった案件です。

自己資金を余剰資金として、別枠で考えておくことの重要さを再認識した案件となりました。

自身で用意した自己資金を使わずに、調達した事業融資のみで事業を構築することが起業の鉄則です。このことは、ぜひ覚えておいてください。

◆成功する人は自己資金を最後まで使わない。

◇失敗する人は最初から自己資金を投入する。

8

失敗しないFC本部の選び方とフランチャイジーになるメリットとは？

フランチャイズへの加盟検討

最近では、フランチャイズに加盟して起業する人も増加傾向にあります。

日本では、1963年から開始されたフランチャイズシステムですが、2017年のデータでは1300社を超えるフランチャイズ本部（FC本部）が存在し、加盟店舗数は26万強に及びます。

このように、フランチャイズシステムを利用して起業する形は、起業における1つの基本パターンとなっており、毎年1000店舗以上が加盟しています。

しかし、フランチャイズシステムには、メリットもデメリットも存在するので、しっかりとした理解が必要となります。

フランチャイズシステムを活用するメリットは、**参入したい業種に対して、経験値が不足している際に、その経験不足を補える点**にあります。

これは創業融資を受ける際や、ビジネスモデルを構築する際に、自らの経験が足りないという理由で、計画が頓挫《とんざ》してしまうのを防ぐのに効果的です。まり、フランチャイズシステムを利用するということは、**既存の成功パッケージを購入して起業するということに**なります。

それではここで、フランチャイズ（ＦＣ）に加盟するメリットとデメリットを、簡単に説明します。

ＦＣに加盟するメリット

●直営店にてビジネスモデルが検証されている。
●マニュアル、システムなどが整備されている。
●商品開発などのモデルのブラッシュアップが行われる。
●他店での成功事例の情報が入る。
●時代の変化に対応しやすい。

ＦＣに加盟するデメリット

●加盟金やロイヤリティ等の費用が発生する。

●ＦＣ本部が設定しているルールに従わなければならない。
●他店がトラブルを起こした場合に、影響が出る可能性がある。

このように、フランチャイズシステムには、メリットもデメリットも存在します。

要するに、**ＦＣ本部に加盟しただけでは、事業は成功しない**ということです。

すべてをＦＣ本部に任せて、「おんぶにだっこ」の状態では、失敗する可能性が高いため、自らの不足している部分だけを補うために加盟するという気持ちが重要となります。

また、ＦＣ起業とは、「過去に成功したやり方を活用」して起業することでもあります。

実際に、未経験分野の独立起業では、ＦＣに加盟せずに独立した場合の2年以上の生存率がたった約15％であるという統計も出ています（社団法人日本フライチャイズ協会「各年度のフランチャイズ・チェーン店舗数の統計データ」）。

つまり、**活用方法さえ間違わなければ、フランチャイズシステムを利用することは、起業後の事業生存率を高める手段の1つ**であるということです。

自らの経験を生かせるＦＣ本部に加盟する

経験不足を補うために、フランチャイズシステムを利用すべきという説明をしてきましたが、実際のところ、ＦＣに加盟して独立をする際にその効果が最も現れるのが、「少しでも経験のある業種を選択する」という場合です。

つまり、その業界についての基礎知識や簡単な経験があるだけで、ＦＣに加盟して起業をする効果が何倍にも膨らむということです。

なぜならば、まったくの未経験でＦＣ加盟をする場合は、成功パッケージを利用できるというメリットだけですが、**多少なりとも経験や知識があれば、その経験（知識）×成功パッケージという掛け算が成り立ち、このパワーが起業の生存確率を高める**ことになるからです。

そして、フランチャイズシステムを利用する際に、大事なポイントとなるのが、「どのＦＣ本部に加盟するか」ということです。

ＦＣ起業の場合、どの本部を選ぶかで、起業の成否の70％が決まってしまうと言われています。それだけ本部選びは大切なのです。

それでは、ＦＣ本部を選ぶ５つのポイントをお伝えします。

●理念を持っている本部かどうか。

●その業種のマーケット（市場）の状態。
●FC本部のステージ。
●単月黒字までの期間（問い合わせれば必ず教えてくれます）。
●自身の経験や知識。

この5つのポイントをしっかりと考慮したうえで、FC本部を選ばなければなりません。単なる興味や流行、期待だけでFC起業をしようとすると、高い確率で失敗します。

特に**「理念を持ったFC本部かどうか」は、最初の時点でしっかりと見極めたいポイント**です。「理念ぐらい、どこのFC本部にもあるだろう」と思われるかもしれません。しかし、FC本部も千差万別。前述したように、2017年の段階で1300社を超えるFC本部が存在します。

起業理念をしっかりと持って本部運営をしているFC本部も多いですが、ただ単純に自分のビジネス（店舗）がたまたま成功したので、思いつきでFC本部をつくって儲けようとしている本部も少なからず存在します。

加盟しようとしているFC本部が、本当に自分が必要としている本部かどうかを見極め、そして提供される内容を理解したうえで、ともに繁栄していけるかどうかを確認しなければなりません。

また、**ＦＣ本部に加盟するための加盟金も、決して安いものではありません。**

何百万円も支払って加盟した本部が、自分には必要なかったでは話になりません。

基本的に、一度加盟金を払って加盟すると、**解約（脱退）する際に加盟金は戻ってこないことがほとんどです。**

後になって後悔しないように、ＦＣ本部についてはしっかりと理解しましょう。

このＦＣ本部を知るために、「フランチャイズ比較.net」等のポータルサイトを活用したり、定期的に開催されているフランチャイズイベント「フランチャイズ比較フェア」（株式会社ベーシック主催）に参加して、情報を集めたり、ＦＣ本部と直接話してみるのも手段の1つです。

やはり、利用を検討しているものは、自らの目で見て、耳で聞いて判断するのが鉄則です。

♦成功する人は自らの経験を基にＦＣ本部を選ぶ。

◊失敗する人はすべてをＦＣ本部に任せようとする。

9

FC本部を選ぶ際の基準はあるのか？

フランチャイズへの加盟検討

皆さんに知っておいてほしいことは、**フランチャイズビジネスは、「理念の共同体である」**ということです。

つまりFC本部の理念に共感できなければ、せっかく加盟しても失敗してしまうのです。FC本部に加盟するということは、そのFC本部と、繁栄も衰退もともにする覚悟が必要です。

共感ができていないのであれば、フランチャイズシステムを利用した意味はなくなり、はじめからFC本部に加盟しないほうが良かったという結論になってしまいます。本部の決定に従わない場合は、解約（脱退）という道を進むことになり、前節でも説明しましたが、加盟金は戻ってきません。

無駄遣いをした挙げ句、起業失敗では目も当てられません。しっかりと共感できる

ＦＣ本部を見つけることが、フランチャイズシステムを利用した起業を成功させる基本となるのです。

ＦＣ本部の４つのステージ

また、ＦＣ本部はそれぞれ、出店数によってステージが異なります。そのステージによって、提供できるものも変わってくるので、自身がＦＣ本部に提供してほしいものを明確にしたうえで加盟を検討しないと、失敗するリスクが高まります。

30店舗以下のＦＣ本部：起業ステージ

立ち上げたばかりのＦＣ本部なので、成功事例をつくっている最中である。その分加盟店の支援に積極的である。また、自由度も高く、自身のやり方を通すこともできる可能性がある。さまざまな業種のＦＣ本部が存在する。

30〜１００店舗のＦＣ本部：アーリーステージ

現在伸びはじめているＦＣ本部なので、成功事例もできつつある。しかし、本部体制はまだまだなので、サービス提供に一抹の不安もあるが、費用が安いことが多かったり、出店可能な有望なエリアが多かったりする。このステージには飲食業・教育業・サービス業（ホテル・レジャー）が多く存在する。

100〜300店舗のFC本部：ミドルステージ

このステージのFC本部になると、成功事例もあり、本部体制も整えつつある。しかしながら、本部のルールづくりが終わっているので、自由度は低くなる。サービス提供においては、マンパワー不足も改善しつつあり、提供も多くなる。このステージのFC本部は非常に多く、飲食業・教育業・小売業・介護福祉業・その他サービス業（リユース、ハウスクリーニング、リペア等）などが存在する。

300店舗以上のFC本部：ビッグステージ

最終ステージのFC本部となるので、成功事例もあり、本部体制も整っている。基本的に高額な費用がかかり、それに比例してサービス提供も増える。しかしながら、個人の自由度はほとんどなく、決められたルールを遵守《じゅんしゅ》することを求められる。このステージには、コンビニ大手や有名企業のFCなどビッグネームが並ぶ。

フランチャイズ本部のステージ

	店舗数	成功事例	費用	自由度	その他特徴
起業ステージ	30店舗以下	少	少	高	さまざまな業種があり、支援に積極的
アーリーステージ	30～100店舗	中	少	中	出店可能な有望エリアが多い
ミドルステージ	100～300店舗	多	中	低	最もFC本部が多いステージ
ビッグステージ	300店舗以上	多	高	ほぼ無し	コンビニ大手や有名企業が並ぶ

このように、ＦＣ本部は大きく分類して、４つのステージに分かれます。

大切なのは、「どのステージのＦＣ本部であれば、自分は成功できるか」という目線でＦＣ本部を選択することです。ＦＣ本部に加盟したからといって、成功が約束されるわけではありません。

成功確率を向上させるツールとしてＦＣ本部を用いれば、フランチャイズシステムを利用する意義が出てきます。

起業を成功させるためには、さまざまな手段を検討して、取り入れることができるものは、何でも取り入れるくらいの姿勢が重要です。

また、**フランチャイズシステムを活用**

して起業する場合も、独自で起業する場合も、起業準備の重要性は変わりません。フェイズ1でここまで解説した起業家マインドなどは、安易にフランチャイズ契約をしないためにも必要となることです。

♦生き残る人はFC本部をステージで選ぶ。

◊失敗する人はFC本部をブランドで選ぶ。

10 創業融資はどのくらいの金額が妥当なのか？

資金調達（創業融資の獲得）

44ページでも少し触れた起業の際に必要な事業性の融資ですが、起業の際に利用できる融資制度は決まっています。それは「創業融資」という制度です。

創業融資を申し込める先は、日本政策金融公庫か、保証協会付融資を扱っている銀行・信用金庫等の金融機関の二択です。この2つについては次節で詳述するとして、ここでは創業融資の意味や融資を受けるための基準について解説しましょう。

創業融資を必ず利用しよう

そもそも創業融資とは、創業時にしか利用ができないという条件付きの融資制度で、起業の際に利用できる最も条件の良い制度です。

その性質上、誰でも利用できるものではなく、さまざまな条件が設定されています。たとえば、自己資金要件の設定や、提出書類の多さなども目立ちます。

その条件を突破した人のみが利用できる融資が、創業融資となります。

最初のハードルが高い分、起業家にとってとても有利な融資制度となっており、利用できる人は、必ず利用すべきでしょう。

まず、**基本的に無担保・無保証で借りられる**ことが一番大きなメリットです。

通常で考えれば、融資を受ける際には、担保を提供するか、保証人を立てて、返済の保全を固めてから融資を受けるのが一般的なやり方です。

それに比べて、担保も保証人もとらない創業融資は、これだけでも有利なものだと理解できるでしょう。

また、創業融資はその性質上、事業計画の中の数値目標に対して、詳細をしつこく問いただしてくることもありません。その数値目標はこれからのもので、ほとんど未知数です。

したがって、追及のしようがないのです。あまりにも現実離れしている計画でない限り、達成確率が0%だとは誰も証明できません。ゆえに基本的に審査段階では、数値を細かく精査する「定量評価」ではなく、「定性評価」を推奨しているのも特徴の1つです。

このように、創業融資について詳しく知ることは、起業を成功させるための重要なポイントとなります。

知っているだけで得をする、知らないと損をする、というのが創業融資の常識です。

この融資制度をフルに利用して、事業計画を豊かにするか、中途半端に融資を受けて後々後悔するかは、ここが分かれ道となります。

資金調達プランの考え方

まず、創業融資を最大限に受けるためには、資金調達プランを構築しなければなりません。これは、いくら融資を受けたいかを明確にして、自己資金と融資のバランスを考えてつくるプランとなります。

ここで大切なのは、融資金額を自分で決めることです。

私がクライアントからよく聞く言葉は、「借りられるだけ借りたい」という発言です。これは資金調達プランをつくるうえでの間違った考え方です。

なぜなら、こうした考え方は、事業としての予算組みができていない証拠だからです。大抵の場合は審査に落ちます。仮に、ある程度金融機関との関係性を構築できているのならば、雑談レベルとしてはアリかもしれませんが、起業の段階の創業融資でこのような相談をするのは最悪です。融資審査をするほうからすれば、「資金計画すら立てられない人」という印象を受け、審査において、かなりのマイナスポイントになるのです。

このような状況にならないために、資金調達プランをしっかりとつくり込む必要があります。また、この資金調達プランを構築することにより、中途半端に少ない金額やギリギリの金額の融資を受けることも防げます。

十分な融資を受けないと、起業後に必ず資金が枯渇し、早々に自己資金を投入してしまうことになるからです。

創業融資の機会は少ない！

「創業融資」は一度利用すると、平均的に日本政策金融公庫では2年間、銀行等による保証協会付きの融資の場合は1年間は追加融資が受けられません。 要するに、創業融資をフル活用しないと、資金の枯渇により、起業が失敗してしまうということです。

創業融資を受ける際のよくある失敗例があります。

とりあえず役所や商工会議所に相談に行ったら公庫を紹介されて、準備も対策もしないまま融資面談を受けて、挙句の果てに失敗してしまったというケースです。実際に私のと

創業融資の５つの審査基準

1 自己資金が十分にあるかどうか

十分な自己資金とは、具体的には創業資金総額の1/4～1/2以上。

2 自己資金に見せ金がないか

見せ金（友人や消費者金融から借りて、自己資金を多く見せるために急遽用意したお金）の有無。

3 個人信用情報に問題がないか

個人信用情報の問題の有無。クレジットカードやローンなどの支払状況、ブラックリストに入っていないかが問われる。

4 起業しようとしている業種での経験が十分にあるかどうか

「経験が十分にある」とは、年数だけでなく、アピールできる経験や強みがあるということ。未経験業種で起業したい場合には、別業種での経験を起業しようとしている業種に紐づけてアピールしたり、フランチャイズを利用して経験値をカバーする必要がある。

5 事業計画がしっかりしているかどうか

しっかりした事業計画とは、事業のストーリーが担当者にスムーズに伝わるもの。

ころに相談に来る人で、すでに公庫融資に失敗してしまっているという人の半分以上はこのパターンです。

起業の際に融資を申し込める金融機関は限られます。それゆえに一度の失敗が命取りになり、起業を断念しなければならないケースも多々あります。

そのような事態に陥らないために、創業融資を受ける際には、65ページの5つの項目を必ず確認してください。そのうえで、資金調達プランを構築します。これらが創業融資を獲得するために必要不可欠な準備となり、融資失敗のリスクを最大限に抑える唯一の方法です。

ちなみに、融資の審査に落ちた場合は、再チャレンジする機会を1~2年後まで待たなければなりません。この間に、しっかりと自己資金を用意し、資金調達プランを練りましょう。

◆成功する人は創業資金がいくら必要かを知っている。

◇失敗する人は借りられるだけ借りたいと考える。

11 創業融資を上手に借りる方法とは？

資金調達（創業融資の獲得）

創業融資を受けるときには、必ずランウェイ（Runway）に基づいた融資計画書をつくることが必要です。

ランウェイとは起業後において資金が枯渇してしまうまでの期間のことを指します。簡単に説明すると、月々のキャッシュフローがマイナス100万円で、銀行にある手持ちのキャッシュが1000万円だとしたら、この企業のランウェイは10カ月ということになります（1000万÷100万＝10）。つまりこの企業は、あと10カ月の間に、ビジネスを軌道に乗せなければならないことになります。

このランウェイの期間を伸ばすために創業融資を受け、損益分岐点（↓146ページ、単月黒字になり、赤字がストップする時期）まで余裕を持って経営していくことが重要なのです。

前述したように、創業融資の申し込みは日本政策金融公庫か、保証協会付き融資を扱っている銀行・信用金庫等の金融機関に対して行います。

改めて説明すると、日本政策金融公庫とは、新たな事業創出を支援し日本経済の成長と発展に貢献することを経営方針としている、政府100%出資の金融機関です。

日本政策金融公庫では、創業者向けの融資として「新創業融資制度」という制度を用意しています。

一方、**保証協会付き融資とは、銀行や信用金庫、信用組合といった金融機関に保証協会の保証を付けて融資を受けること**です。

「保証協会の保証がないと融資を受けられないの？」という質問をよく受けますが、残念ながら、創業時に銀行や信金から直接融資（プロパー融資）を受けることは難しいのです。

というのも、これから起業しようとする人や創業したばかりの人は、銀行や信金との取引が浅く、事業実績もないためです。銀行や信金は、融資した額を返済してもらう必要があるので、回収できないリスクを冒してまで融資をしたくありません。

そこで、保証協会が、借り主が返済できなくなった場合のための肩代わりをしてくれるというわけです。信用保証協会は、47都道府県と4市（横浜市、川崎市、名古屋市、岐阜市）で計51協会あります。

この2つの選択肢の中から、創業融資を獲得しなければなりません。そして、資金調達

創業融資の仕組み

日本政策金融公庫の場合

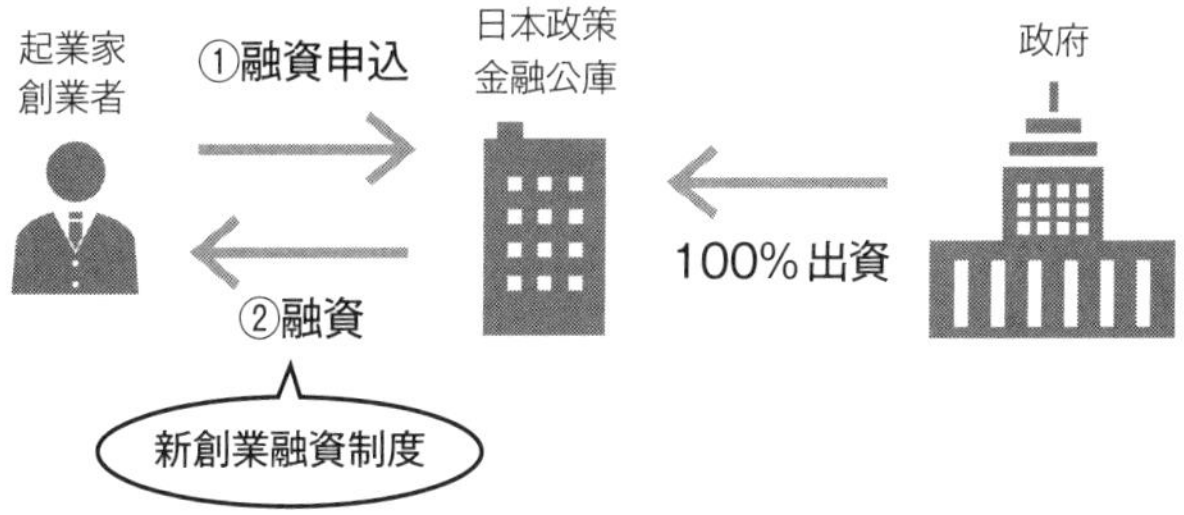

信用保証協会の場合

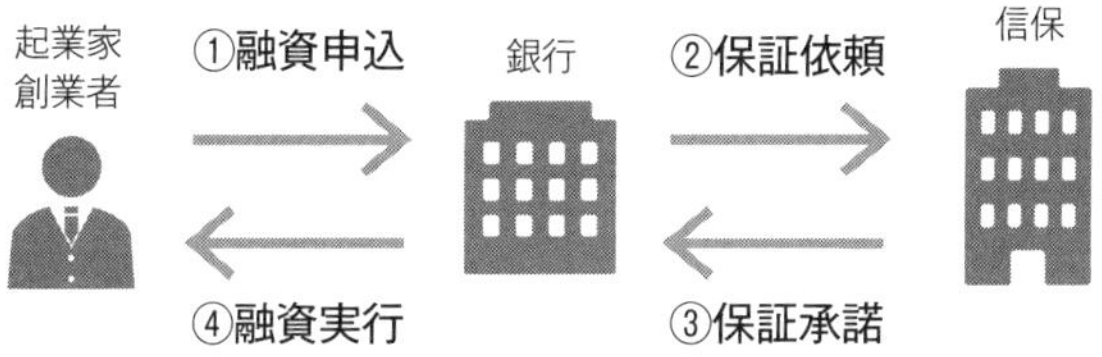

- いずれも融資限度額は1000万円（無担保の場合）
- 資金調達の金額によっては２カ所に融資を申し込む場合もあり。

の金額によっては、この2カ所の創業融資をフルに使わなければならない場合もあります。
それは、それぞれの創業融資に「融資限度額」が定められているからです。

両方から融資を受けることはできるのか？

日本政策金融公庫の新創業融資と保証協会付き融資のそれぞれの限度額として、公庫の創業融資（新創業融資制度）は3000万円、保証協会付きの創業融資（東京都の場合）は3500万円と、各HPに明記されています。しかしながら、公庫も保証協会付き融資も、実質的な無担保の場合、融資限度額は1000万円です。

では、1000万円を超える創業資金が必要な場合はどうすればいいかというと、公庫と保証協会付き融資を両方利用する協調融資という方法を使います。これならば、**最大2000万円までなら融資を受けることができます。**

ここは、資金調達プランの構築において非常に重要なポイントです。

調達する金融機関を少なくしたいという人は多いのですが、それよりも必要な資金を調達しないことは起業において自滅行為です。

資金が枯渇してしまうまでのランウェイの期間を長くとれるかどうかは、自己資金＋融

ランウェイの概念図

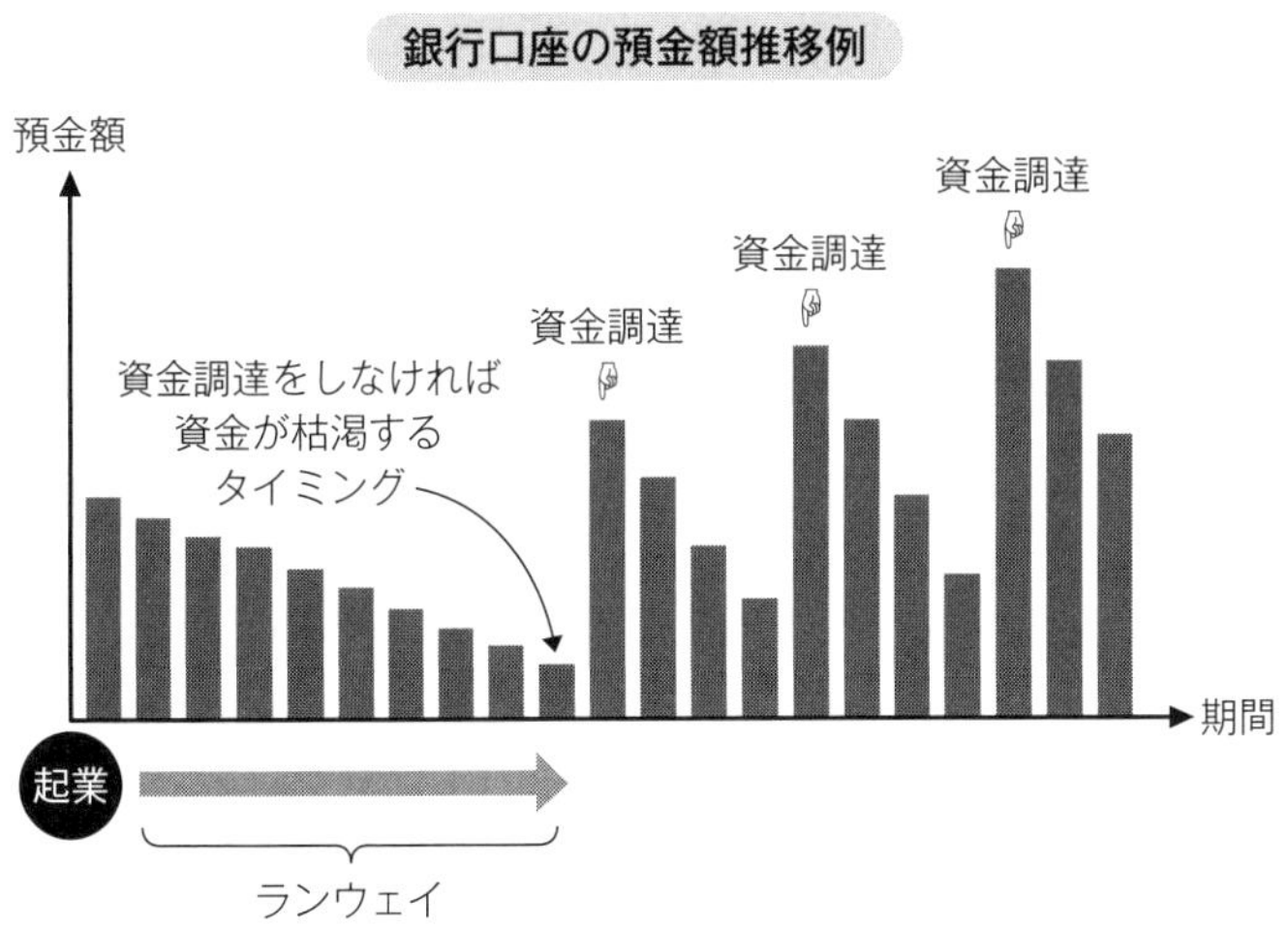

資資金がすべてとなります。46ページでも説明した自己資金を「余剰資金」として確保するのは、このランウェイをできるだけ長くするためなのです。

ちなみに、事業において単月黒字になるまでに、どのくらいの期間を定めるかは、以下の3つの指標から導きます。

①バーンレート（資金がなくなる速さ。資金燃焼率）
②資金が枯渇するタイミング（手持ち資金「自己資金＋融資資金」と①から算出する期間。ランウェイ）
③売上変動率（事業の売上の金額や

上昇率から算出する月次ごとの収入金額）

この指標を基に、事業が立ち上がるかどうかを計測します。

したがって、必要な資金調達を行えるかどうかは、起業においての生命線となるのです。

そう考えると、**創業融資の調達先は複数あるほうが、起業においては有利**であることが、皆さんにも理解できることでしょう。

◆成功する人は複数の資金調達先を確保し、ランウェイを長く設定する。

◇失敗する人は1カ所からの資金調達先で満足し、ランウェイを短く想定する。

フェイズ1 まとめ

フェイズ1は、それほど高い壁というわけではありません。つまり、起業すること自体は、「ヒト・モノ・カネ」さえある程度用意してしまえば、難しいことではないのです。ただ、ここを「ゴール」と考えてしまうと、フェイズ2以降で必ず失敗します。

したがって、フェイズ1では、フェイズ2までを見越した準備が必要になるのです。

「起業の成功へ至るまでのプロセスは長いが、そこには決まった型があり、失敗するには理由があります。失敗する理由を知り、それを潰していくことが成功への近道となります。優れた起業家ほどリスクを好みません。リスクを最小限に抑えようとします。そもそも会社を辞めて起業すること自体がリスクなので、そのリスク以外は極力排除していくのです」

これは私が起業のサポートをする際に、クライアントに必ず伝える言葉です。

そして、その「決まった型」の最初のフェイズが起業準備となります。

確かに起業準備の徹底は、手間と時間がかかりますが、そのことが起業の成功に繋がるのであれば、惜しむべきではないはずです。

一方、起業準備の段階で起業を断念するのは、必ずしも失敗とはいえません。起業してすぐに脱落するよりもダメージは少なく、ある意味幸運であるともいえるのです。起業準備を進めていく中で自信を深めるどころか、不安感に包まれるようであれば、勇気ある撤退を選ぶのは賢明な判断です。

◆成功する人は起業の前に徹底的に準備をすることで、戦いの前に自らの勝率を可能な限り高める。

◇失敗する人は必要な準備をせずに、戦いの前から負けている。

フェイズ2

起業後2年間

安定軌道に乗せるためのサバイバル

12

起業後半年間の成功と失敗を分けるカギとは？

☞創業期間（起業後2年間）の戦いの準備を開始

起業をされた人の多くは、起業時において、その達成感に包まれてパワーダウンしてしまいます。

そもそも、起業をして事業を継続させ、成功に繋げることが最大の目的であるはずなのに、起業をするまでの労苦が影響して、「起業＝ゴール」になってしまうのです。

その気持ちはわかりますが、起業後のタイミングは最も大切な時間です。

フェイズ2で解説していく要素のうち、**124ページまでの準備は、理想としては起業後3カ月以内、長くても半年以内に行わなければなりません。それが創業期間と呼ばれる起業後2年間を突破するための条件**です。

このタイミングを逃してしまうと、日々の業務や数字に追われて、いつまで経っても準備する時間など取れずに、月日が事業の終焉に向けて過ぎ去ってしまいます。

プロダクトライフサイクル（Sカーブ）概念図

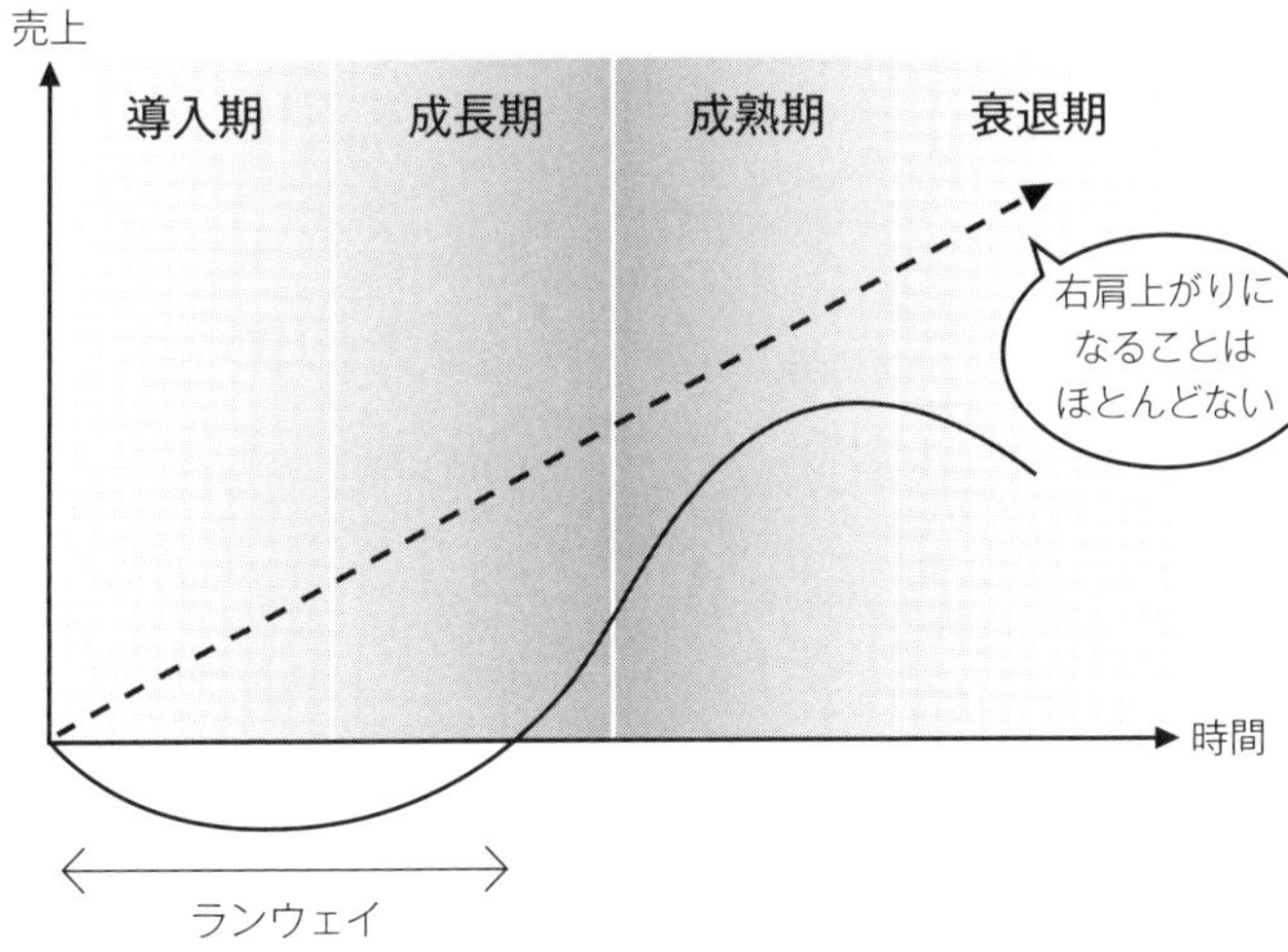

起業後2年間の戦いの準備をしよう

まずは2年間の戦いの準備の第一歩として、皆さんに覚えておいてほしい言葉があります。それは「プロダクトライフサイクル」（Sカーブ）と呼ばれるものです。

「プロダクトライフサイクル」とは、商品が市場に投入されてから、徐々に売れなくなって販売が終了するまでの過程のことを示し、いわばその市場における商品の寿命を示したものです。その形がアルファベットのSを横にした形に似ていることから、Sカーブとも呼ばれています。

これは、企業や商品の現在地（ポジショニング）を知るうえで重要な指標となります。

プロダクトライフサイクルは4つのカテゴリーに分かれています。導入期からはじまり、成長期、成熟期を経て衰退期に突入するという流れです。よく、起業と同時に売上が右肩上がりに伸びていくと考えている人がいるのですが、ほぼ100％に近いレベルで、そのような軌道を描けないと思ったほうがいいでしょう。

起業後は77ページのSカーブの導入期にあたります。

導入期に行わなければならないことは、自身の商品・サービスの顧客ターゲットは誰であるかという仮説を立てることです。

そもそも起業前から、顧客のターゲティングをしたり、マーケティング戦略を練っているから大丈夫と思う人もいるでしょう。

しかし、それはビジネスをスタートさせる前にイメージしていた、**あくまでも仮説に過ぎない**ものです。実際に事業をスタートさせてみると、予想は大きく覆されます。

マーケティング戦略はフェイズ2から

勉強熱心な人ほどフェイズ1、つまり準備期間でマーケティングについて学びます。それはとても大切なことであり、学習や経験者から得た知識は決して無駄にはなりません。

しかしいざ起業してみると、期待していた通りにいかない事態に直面します。したがって、マーケティングに関しては実際に市場に打って出て、その状況を見た段階で本格的に取り組んだほうが、明確な課題が目の前にある分、より実践的な対応策を検討できるのです。

そして、その現実を直視したうえで、ここから**顧客の創出と新たなマーケティング戦略を立てる軌道修正能力が大切になってきます。**

フェイズ1でも説明しましたが、起業後2年間はランウェイ（↓67ページ）との戦いでもあります。資金が枯渇するのが早いか、商品・サービスが売れて事業が成り立つのが早いかの勝負は、想像以上に苦しいはずです。この戦いに勝つためには、企業としての技術力・企画力・マーケティング力を高め続けるしか方法はありません。

フェイズ2では、創業期間の2年間を勝ち残るためのノウハウを存分にお伝えします。

◆成功する人は起業後半年以内に勝負をかける。

◇失敗する人は起業した時点で達成感に満たされる。

13

準備段階の仮説を疑う勇気はあるか？

創業期間（起業後2年間）の戦いの準備を開始

前節では、起業前の仮説というのは、起業後に覆されて当然と記しました。では、そのような事態に直面したときに、どのように対処すればいいのでしょうか。

改善のための検証ＰＤＣＡ

それは、次のＰＤＣＡ（計画・実行・評価・改善）に基づくフローにあてはめて考えます。

①**クリエイト**：ターゲットを設定する、競合分析・自社分析をする、商品設計。
②**テスト**：商品・サービスを市場に出して売れるかどうかを調査する。
③**評価**：テスト結果を踏まえて、商品・サービスの評価を下す。

④スタート：評価に基づき改善して、本格的に販売する。

私のところに起業相談に来た人を例にしましょう。

楽器に対して強い愛情を持っていたクライアントは、夢だった楽器店を開店させました。この仕事を一生の仕事として、地域の人々に楽器の素晴らしさを伝えたいという志を持っていました。競合他社の分析もして、他の楽器店にはないビンテージものを扱うことで差別化をはかりました。独自の仕入れルートを生かせるという強みもありました。

しかし、起業後の売上が伸び悩んだうえに、最初に抱えた在庫が負担になり、経営を圧迫しはじめたのですが、具体的な対処をしないまま月日が過ぎていきました。**起業準備段階の仮説に強く固執しすぎて、経営改善のためのＰＤＣＡを回すことを避けていた**のです。

このことに気づいた私は、クライアントと一緒に改めて仮説を検証し直すことにしました。

仮説の検証による軌道修正

最初に、どんな商品がどの顧客層に売れているかを調べました。その結果、40代以上の男性が高額商品を購入していることがわかりました。

このデータに着目した私たちは、ターゲット層を昔のバンドブームを経験している40代以上の層に定め、ターゲットエリアも地域住民ではなく、インターネット販売を活用して、日本全国に設定しました（①クリエイト）。

そして、すべての準備が整った後、再度販売営業をスタートさせたのです（②テスト）。

すると、売上が月商ベースで3倍に跳ね上がり、在庫を抱えない注文販売に切り替えることもできました。結果として、当初思い描いていたよりも多くの人々にビンテージ楽器の良さを伝えることができたのです（③評価）。

経営も安定し、さらなる余裕も出た結果、新しい商品のＰＤＣＡサイクルも回せるようになり、この楽器店は蘇りました（④スタート）。

実際に創業してみると、その前まで描いていた仮説は絵に描いた餅に近いものだと実感させられる機会が多々あるはずです。そのときに、臨機応変にターゲット層やマーケティング計画を、起業後の状況に合わせて変えていかなければすぐにジリ貧に陥ります。

したがって、この計画をいかに早くつくれるかが、企業においての生死の分かれ目となります。

また経営者にとっても、この計画の構築が、眠れぬ夜からの解放へと繋がります。

つまり、次節以降解説しますが、商品・サービスの「値決め」や、顧客である「ターゲット層の絞り込み」、その顧客の「ファン化」やそのための「キラーコンテンツづくり」なども、起業前に立てた仮説を検証して、**実際の市場に合うものに変化させる必要がある**のです。

そして、それらに基づいた販売プロセスを構築して、事業の計画を再設計することが重要です。

それでは次節から、それらのマーケティング手法を順を追って解説していきます。

◆成功する人は起業前の仮説を疑うことができる。

◇失敗する人は起業前の仮説に疑いを持たない。

14

ブルーオーシャンで戦うための価格設定とは？

☞ブルーオーシャン戦略を探る／値決め（プライシング戦略）

起業後の事業経営は正直いって、資金にも限りがあり、厳しい状態に陥りやすいものです。そんな中で、競合の大企業と同じような低価格戦略を行えば、あっという間に潰れてしまいます。

したがって起業後は、ハイバリュー戦略（高価格戦略）に舵を切ることを常套《じょうとう》手段と考えてください。

もちろん、ただ価格を上げるだけでは誰も購入してくれません。そこでターゲットを絞り、ハイバリュー戦略が可能な市場を探す必要があります。

ターゲットを絞れば絞るほど、そのビジネスの独自性が高まります。大企業が存在するレッドオーシャン（価格競争）の市場には入らず、**いかに価格競争のないブルーオーシャン（未開拓）の市場に入るかが重要**となるのです。

値引きはレッドオーシャンへの入口

私が起業サポートをしてスタートした企業でも、すぐにレッドオーシャンに入ってしまうケースが多く存在します。

新規顧客を獲得する方法として、一番取り組みやすいのが「値引き」であることがその理由です。

頭を使って戦略を練り、商品・サービスを打ち出すのは、非常に労力を伴います。一方、価格を安くすることは簡単で、いつでも誰にでもできることから、安易にこの方法に飛びつくわけです。その結果、レッドオーシャンへ参入してしまうのです。

以前、起業サポートをした方で、お弁当屋を営む方がいました。

このお弁当屋のコンセプトは「手作り弁当・健康弁当」でした。

オープン当初は一般的なキャンペーンを行い、一定の集客ができていましたが、1カ月もすると、徐々に客足が遠のき、一向に売上が伸びなくなりました。

当時、このお弁当屋がとった対応策が低価格弁当の販売でした。そしてこの悪手により、壊滅的なダメージを受けてしまいます。

そもそも世の中には、低価格で販売されているお弁当は数多くあり、そのほとんどが、大手企業が経営している資金力が豊富なお弁当屋の商品です。資金力も体力もブランド力も違う大手企業に対して、低価格商品で対抗するのは自滅行為でしかありません。

このタイミングで相談に来た経営者に対して、私はすぐに低価格弁当の販売を中止させました。

その代わりにとった販売戦略が、「高級健康弁当」です。一般的な弁当よりも割高に設定し、手づくりだからこそできる贅沢な弁当を商品化させたのです。

ターゲット層はサラリーマンではなく、定年後の富裕層、高齢者、意識が高い女性客に設定しました。大手企業のお弁当屋とは一線を引き、価格競争に巻き込まれない市場を開拓したのです。これをきっかけにお弁当屋は息を吹き返しました。

これこそがブルーオーシャン戦略であり、中小企業やスタートアップ企業が生き残る試みです。

私がこのお弁当屋に対して行ったことは、**「適正な値決め」と「ターゲット層の絞り込み」をし、「戦わずに勝つ」市場を探しただけです。これだけでも、ブルーオーシャンの市場を探すことは可能なのです。**

値決めのためのプライシング戦略

「値決め」において、必要となってくるのがプライシング戦略です。

商品・サービスへの値決めについては、非常に多くの人が悩んでいるのが現状です。

では、どうやって値決めをすればよいか、3つの方法をお伝えします。

競合基準法：競合他社が設定した価格をベースに価格決定を行う方法。

コスト基準法：自社が負担するコストをベースに価格を設定する方法。

マーケティング戦略基準法：顧客のニーズ、値頃感で最適価格を定める方法。

どの方法が良くて、どの方法が悪いということはありませんが、起業後の皆さんにおすすめするのは、③のマーケティング戦略基準法です。

これは、**顧客の「価格妥当感（値頃感）」に基づいて金額を決めるので、価格競争に引きずり込まれることがない**からです。

一般的に、安い商品・サービスを数多く売って、大きな売上をつくるのは、大企業の戦略です。繰り返しますが、起業後にこの勝負に挑んだら必ず負けます。

ゆえに、起業後の基本戦略は、商品・サービスの単価を高くするしかないのです。

「顧客が求めているのはお買い得感であり、単純な安さではない」ということを、しっかりと理解して、顧客の「価格妥当感（値頃感）」を見極めましょう。


♦成功する人は価格競争を避け、商品単価を上げる。

◊失敗する人は価格競争に陥り、安易に値下げをする。

15

どうすればキラーコンテンツ(独自性)を生み出すことができるのか?

☞キラーコンテンツの確立

キラーコンテンツの確立がなければ、真の売れる商品・サービスをつくることはできません。

つまり、キラーコンテンツを持っていない企業は、常に競合他社から自社の顧客を狙われている状態であり、顧客を失うリスクを大いに秘めているのです。それは企業の存続に関わるため、安定経営を目指す際には、必ず解決しなければならない問題となります。

現在の日本の企業の約80%が中小企業です。そして、そのうちの半数以上が販売不振(売上不振)であるとも言われています。

その原因は次の通りです。

①収益をもたらす中核商品がない。

②顧客の反応が取れる商品がない。
③繰り返し実行できる勝ちパターンがない。

その理由の大半は、「自社のキラーコンテンツがないこと」が原因となっています。

このような現状から、起業後の事業において、「キラーコンテンツの有無」が重要なポイントになることが理解できるはずです。

キラーコンテンツのない企業の弱み

私が起業のサポートをした企業の多くは、実はキラーコンテンツを持たずに起業した会社がほとんどです。

それだけキラーコンテンツを持つということは、企業にとって難しい課題なのです。

しかしながら、一度キラーコンテンツを確立できると、自社の勝ちパターンを構築することができるとともに、キラーコンテンツを持たない他社に対して、圧倒的な差をつけることができます。

一方、キラーコンテンツを持たない会社は、他社の類似品に取って代わられる危険性を常に持ち合わせているということです。

少しでも安かったり、多く流通しているだけで、顧客の取り合いになってしまう世界は、まさにレッドオーシャンです。この世界にはまってしまうと、スタートアップの企業は太刀打ちできません。常に敗北と隣り合わせの状態となってしまいます。

それゆえに、企業はいち早くキラーコンテンツを確立しなくてはならないのです。

私は支援先である企業に対して、**起業後の6カ月の間にキラーコンテンツを確立することを推奨**しています。

当然起業後はさまざまなことが起こり、6カ月間などあっという間に過ぎてしまいます。

そのあっという間に過ぎてしまう期間のうちに、キラーコンテンツが確立できたならば、その企業は間違いなく生き残る企業となります。

キラーコンテンツ確立の基本

キラーコンテンツの確立において、最初に考えなければならないことは、いかに顧客の「質の高い課題」を発見するかということです。

そして、「質の高い課題」に対して、自身が提供できる「質の高い解決策」を考えることが、キラーコンテンツの確立の基本となります。

少し表現が難しくなったので、例を挙げて説明します。

基本的な考え方は、「ドラえもん」をイメージすればわかりやすいでしょう。

のび太くん（顧客）が、「空を自由に飛びたいな」という希望（質の高い課題）をドラえもんに相談します。そこでドラえもん（あなた）は自由に空が飛べる「タケコプター」という解決策を提供しました。

これは、かなり高レベルのキラーコンテンツとなっています。

要するに、顧客が一番求めているもので誰も解決できないことを、自身の商品・サービスで解決できたのならば、間違いなく顧客から選ばれる存在になるということです。

しかし、誰もが手を突っ込めば秘密道具が出てくる四次元ポケットを持っているわけではありません。たまたま思いついたアイデアがキラーコンテンツになることもあるのでしょうが、そう都合良く勝手に生まれるものではありません。

顧客の課題への問題解決を常に意識しながら考え出すしかないのです。

病院は医療行為ではなく、何をキラーコンテンツにしたのか？

では、私がサポートした小児科医の案件を例に、もう少し具体的にキラーコンテンツを生み出すための思考の流れを見てみましょう。

この小児科医は、近年開発が進んでいる住宅地を中心としたエリアに医院を開業して、地域住民を対象とした医療活動を行っていました。ファミリー層が多い地域なので、患者さんは一定数来院したのですが、近くに総合病院ができてからは、徐々にその数は落ち込むようになりました。

この状況になって、院長ははじめて医院にキラーコンテンツがなかったのだと気づいたのです。

そこで、私は院長とともにキラーコンテンツの構築をはじめました。

小児科で、医療行為としてキラーコンテンツをつくるのは難しいと判断した私たちは、来院する患者（子ども）と連れてくる親（保護者）に対して、何かキラーコンテンツを用意できないかと考えました。そしてさまざまなアンケートや、ヒアリングを重ねた結果、子を連れてくる親が欲しているもの（質の高い課題）が見つかったのです。

それは病院内で騒いでしまう子どもたちへの対応や、そのための設備不足でした。

子どもが病院で騒いで肩身の狭い思いをしている親や、子どもに対する病院スタッフの対応に心を痛めている親が多数いることがわかったのです。

そこで私たちは、院内のリニューアルを決めました。

まず、院内に託児所的なスペースを設置しました。子どもたちが動き回っても大丈夫なように動線を確保して、安心して子どもを連れて来れる環境をつくったのです。そして「子どもが騒いで動くことを前提とした病院」にしたことで、スタッフの子どもへの対応を変えさせました。

これが驚くほど好評で、総合病院ができる前と比べても来院数が倍以上に増えたのです。

このケースでは、医療行為や子どもたちではなく、その親に対してのキラーコンテンツを構築したことが勝因となったのです。

このように**対象顧客が抱いている課題を意識したうえで、他社（他者）がしていない解決策を提示できれば、それがキラーコンテンツとなる**のです。

◆成功する人は課題を分析してキラーコンテンツをつくろうとする。

◇失敗する人はキラーコンテンツは勝手に生まれると思っている。

16

ＦＦＭＢ戦略を駆使した商品やサービスを売る順番とは？

☞ＦＦＭＢ戦略の構築

マーケティング業界において、「顧客を教育する」という言葉をよく耳にします。「教育する」とは、購入に繋がるように自社商品の魅力を知ってもらうことを指すのですが、それを無理なく行い、かつ成功確率を上げる戦略の1つにＦＦＭＢ戦略があります。

ＦＦＭＢ戦略とは、顧客のステージではなく、商品別のステップで区分した購買プロセスのことです。

最初は、無料もしくは低価格で価値提供して、顧客に安心感や興味を持ってもらうことで、信頼関係を築きます。そして、提供商品ごとにステップアップしてもらい、最終的にメインとなる収益商品を購入してもらうという戦略です。

1回目の取引では1人の顧客に多額の売上を上げることができなくとも、長期間にわたりお付き合いができ、顧客の1人1人からトータルで最大化された売上を構築する手法としても活用できます。

市場との信頼関係を構築する前に売上に走ってしまうというのは、新規ビジネスにおいて非常に多い失敗のケースですが、それを防止するための対策にもなります。

また、プロダクトライフサイクルの導入期（↓77ページ）に、試供品やテストマーケティング活動などで市場に認知してもらい、その後の成長期において売上を上げることにも繋がります。

戦略的に商品を区別しよう

顧客の購買体験を、登りやすい階段のようにして次のステップに導くＦＦＭＢ戦略の大きな効果は、**顧客の購買に対するハードルを下げ、集客商品から収益商品までの道のりを、歩みやすくすることです。**

集客商品とは

集客商品とは、無料や低価格の商品・サービスのことです。高額な商品をいきなり買うには抵抗がある顧客に、この集客商品を案内して、購入の第一歩を歩んでいただきます。

これによって商品・サービスの価値を実感し、納得してもらうことを目的とします。

収益商品とは

単価も高く、最も価値を提供できる商品のことです。この商品・サービスを購入してもらい、本当のベネフィットを体験していただくことを目的とします。また収益率も高いので、自社の柱となる商品・サービスとなります。

たとえば、もともと単価の高い商品・サービスを扱っている場合でも、集客商品（低単価の商品・サービス）があるので、見込み客に対していきなり高額な商品・サービスを販売して、敬遠されるリスクが抑えられます。

また、単価の低い集客商品で商品・サービスの価値を体験してもらって信頼を得たうえで、その後に本来の収益商品を販売することにより、受注確率を高めることもできます。

つまり、販売率を高めながら、利益率も同時に高められるという、一挙両得の購買プロセスが完成するのです。

ＦＦＭＢ戦略を構築する

それでは、ＦＦＭＢ戦略の構築方法について説明します。

原則として、無料のFree（Ｆ）、低価格のFront（Ｆ）、中くらいの価格のMiddle（Ｍ）、高価格のBack（Ｂ）という4つの商品設計をすることからはじめます。

つまり、無料商品、低価格商品、高価格商品というように、複数の商品を用意する必要があります。そして、その商品は一本の道で繋がるように設計するのです。

そうすることで、顧客は、こちらが一番売りたい高価格商品に向けて、自らの足で歩むように進んでくれるのです。

①Free：商品・サービスの戦略上、あえて無料のプレゼント商品や、無料面談や、資料請求など、無料で配布できる素材を活用することで、見込み客の獲得を効果的に進めることができる。

②Front：比較的低価格で、集客・販売しやすい商品やサービスを用意することで、顧客が躊躇《ちゅうちょ》なく歩み寄れるようにする。

FFMB戦略の概念図

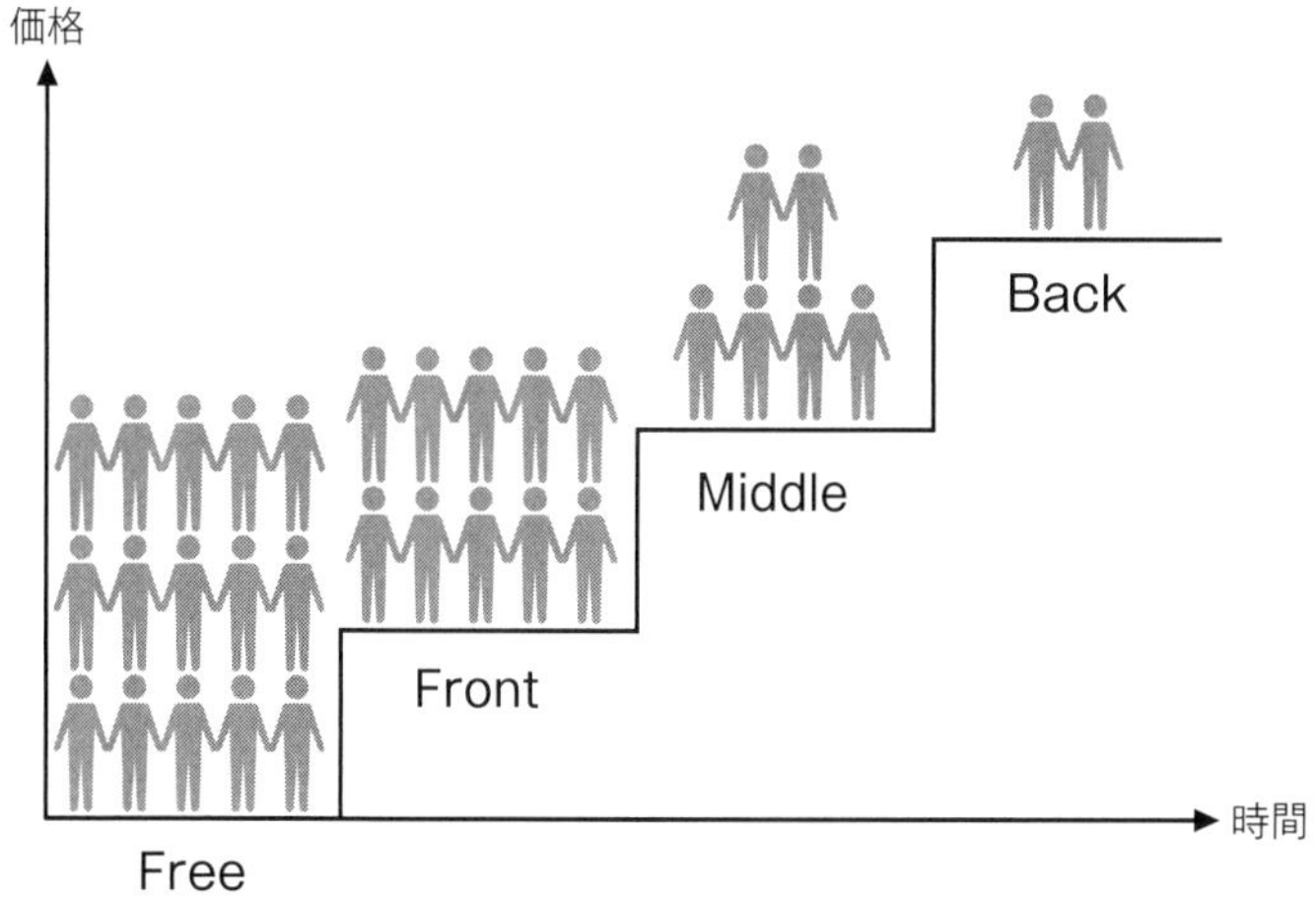

③ **Middle：** いきなり高額な商品・サービスを販売するのではなく、その一歩手前の購買体験を用意することにより、安心してBackに進むことを可能にする。また購入する体験を重ねることにより、提供サービスの価値を知ってもらう効果もある。

④ **Back：** 比較的高額で、大きな価値提供ができて、利益率も高い商品・サービス。一番顧客に購入してほしい商品・サービスを、このBackに持ってくるように設計することが重要。

このように、複数の商品・サービス

を用意して、顧客が無理なく購買しやすい道のりをつくることが大切なポイントです。

また、一度ＦＦＭＢ戦略を構築しても、それで終わりではありません。この道のりを歩ませる際の目標数値とその結果をＫＰＩ（↓１１７ページ）を使って計測し、成果が出ない場合は、何度も修正する必要があります。

顧客が設計通りに歩んでくれない場合は、顧客のせいではなく、こちらの商品設計に問題があるか、構築したＦＦＭＢ戦略に高いハードルが残っていると考えましょう。

顧客の声を聞き、顧客視点で商品設計やＦＦＭＢ戦略を構築すれば、必ず顧客が歩みやすい道のりをつくることができます。

そうすることによって、あなたの商品・サービスの中の高価格商品が、高い確率で購買されることに繋がるのです。

ＦＦＭＢ戦略を構築したが、機能しないのはなぜか？

フェイズ２において、私のところに相談に来る企業の経営者の相談内容は、「キラーコンテンツ」か「ＦＦＭＢ戦略」の件がほとんどです。

キラーコンテンツについては前節でお伝えしましたが、ここではＦＦＭＢ戦略について解説します。

ＦＦＭＢ戦略を構築したものの成果が出ていない企業の事例です。

その企業は教育事業で10店舗以上の事業所を運営していました。

教育事業ですから、毎年３月には通う生徒が減り、４～５月にかけて生徒の入会があるというサイクルを繰り返していましたが、経営者はＦＦＭＢ戦略を構築して、何とか通年で入会が増えるようにしたいと考えていました。

そこでＦＦＭＢ戦略に従い、無料お試し会を開き、安価な体験チケットを販売して、入会契約に至るように構築したのです。

ところが、試みは大失敗でした。

無料お試し会の参加まではよかったのですが、体験チケットはほぼ売れず、入会契約どころか、コストばかりがかかってしまい、企画倒れになってしまったのです。

何がいけなかったのでしょうか。

これはＦＦＭＢ戦略を構築する前に行わなければならない、次節（↓103ページ）で解説する「顧客の創出」がなされていなかったのが原因です。

このＦＦＭＢ戦略を、**誰に対して行うのか、このステップを歩む人はどのようなことを求めているのか、という根本が欠けていた**のです。

ＦＦＭＢ戦略は、ハマれば大きな収益を生み出す戦略ですが、それゆえに、準備を怠ったり、不足している状態では、そのパワーはマイナスに働きます。

そして失敗を避けるために必要なのが、次節で解説する３Ｃ分析です。

◆成功する人は顧客に対して売る順番を考えて進みやすいステップを用意する。

◇失敗する人は顧客に対して売る順番を考えず高いハードルを設定する。

17 顧客の創出のために必要な3C分析とは？

〜ターゲット層の絞り込み（3C分析）

それでは前節で解説したFFMB戦略で必要となる、顧客の創出について説明していきます。

顧客の創出は、FFMB戦略の中で、最も重要な項目と言っても過言ではありません。FFMB戦略はターゲット層の顧客に対して、こちらから購買プロセスを提示するなどし、顧客を教育することで利益を最大限に享受する戦略です。**しかし、そのターゲット層の顧客を間違えて設定してしまうと、当然のことながらFFMB戦略は通用しなくなってしまいます。** だからこそ、ターゲット層の顧客を正確にとらえ、創出する必要があるのです。

誰しもが顧客になりうると仮定してしまうと、逆に誰にも相手にされないビジネスモデルとなってしまうものです。誰にでも好かれる商品やサービスをつくろうとすると、必然的に特徴も何もない、平均的なものしか生まれないからです。

したがって、顧客を自ら探し出し、また自らつくり出すことで、そのターゲットに突き刺さるもの考えることを忘れてはなりません。

その顧客の創出について、非常に有効な手段が「3C分析」となります。

3つの角度から顧客を探す

この「3C分析」は、顧客（Customer）、競合（Competitor）、自社（Company）の3つのCを分析することにより、自らの商品・サービスを必要としている顧客を探すのに役立ちます。

また、その顧客に対する提供サービスが、顧客にとってのベネフィットになっているかどうかの目安にもなるので、必ず行うようにしてください。

Customer（顧客）分析

対象顧客の属性や、問題点を明確にして、目標と課題を正確に理解する。

「私は○○（対象顧客）が抱えている△△（課題）を解決したいと考えています」

このように、言語化できるまで分析する。

Competitor（競合）分析

既存の競合他社の解決策を明確に把握して、新たな価値の創造の可能性を切り開く。

「○○（対象顧客が抱えている課題）に対して、他社では△△（既存の解決策）を提供していますが、そこには□□（弱み）という弱点があります」

ここまで言語化できるまでには、深い競合分析が必要。競合他社の対象顧客・課題・解決策・集客商品・収益商品・強み・弱み……などを分析する。

Company（自社）分析

自社の強みや付加価値を明確にして、顧客から選ばれる理由を探し出していく。

「私は競合他社の弱みを補うべく、○○（自社の強み）を生かした△△（新たな解決策）を提供します」

最終的に、この自社分析における言語化が完成するかどうかによって、的確な顧客の創出ができるかどうかが決まる。

顧客の創出は3C分析の順番で決まる

概念的な説明だけではイメージしずらいはずなので、3C分析の例を紹介します。

ここで前節に登場した、FFMB戦略を実行したものの成果が出なかった教育事業の企業が、3C分析を用いて復活した例を紹介しましょう。

まずは顧客（Customer）の「どんな人で、何を求めているか」（夢・願望・痛み・悩み・問題……等）を分析しました。

当初、顧客を実際に通う子どもたち（生徒）と想定していました。しかし、これがそもそもの失敗の原因でした。本当のターゲットは学習塾に通わせる判断をした親（保護者）だと気づいたのです。そして、その親たちが求めていたことは、子どもたちの進学に関する悩みの解決だったことがわかりました。

次に競合（Competitor）の学習塾が「何を打ち出しているか」（商品・サービス・価格……等）を分析しました。

競合の学習塾が提供しているサービスは、一般的な学力向上のための授業でした。金額的にも差はほとんどなく、唯一の売りは個別指導ということでした。

最後に、自社（Company）の「何が強みで、何ができるか」（独自性・キラーコンテンツの提供）を分析しました。

以上のことを踏まえて、この学習塾では、他の学習塾が行っていない個別進路指導の徹底をサービスとして用意しました。

すると、子どもの進学に関して悩んでいる親（保護者）の相談窓口という位置づけを確立することができ、口コミが広がり生徒数が爆発的に増えたのです。

このように、**3C分析をするには、順番があります。**

この順番を守って分析することにより、競合他社との差別化をはかれるようになり、顧客から選ばれるようになります。

そして、顧客に選ばれるようになることが、顧客の創出に繋がるのです。

◆成功する人はターゲット層を明確にする。

◇失敗する人は目の前の顧客にばかり売り込みをする。

18

顧客をファン化させる方法とそのメリットとは？

顧客のファン化（ＡＩＤＭＡの構築）

前節では３Ｃ分析によるターゲット層の顧客を明確にする必要性と方法について解説しましたが、ここではさらに顧客をファン化させるための考え方と手法についてお伝えします。

顧客をファン化させるために必要なことは、自身の商品・サービスで、顧客の感情を動かすことです。

これは、顧客が何を求めているかを知ることによって可能になる販売方法で、非常に有効な手法となります。ペルソナ（架空の顧客像）設定をした顧客が、どのような場所で、どの時間帯に、どのような目的で自身の商品・サービスを活用するのかを想定し、その課題に対して、ＡＩＤＭＡ（アイドマ）と呼ばれる手法を用います。

このＡＩＤＭＡによって、感情を動かされた顧客は、自社の商品・サービスを選択してくれるようになるのです。

A：Attention（注意を惹く）
I：Interest（興味を持たせる）
D：Desire（欲求を喚起させる）
M：Memory（記憶に残す）
A：Action（購買行動）

これら5つの頭文字を取って、ＡＩＤＭＡと言います。
簡単に流れを説明すると、顧客に対して自身の商品・サービスを認知させて、興味を持たせます。その後、顧客にベネフィットを感じさせて欲求を高めます。そして自身の商品・サービスを、記憶に留めるように情報を与え続けて、購買行動に繋げるという流れになります。

この**ＡＩＤＭＡの流れに沿って購買行動をとった顧客は、ただの購買客というだけではありません。自社の商品・サービスのファンになってくれる可能性が高く、購買後もリピーターになり、新規の顧客を紹介をしてくれる優良顧客になってくれる**のが特徴です。

マーケティングやセールスにおいても、相手の感情を揺さぶるような提案は非常に大切なポイントになります。

AIDMAを使った復活劇

現在の日本では、はじめての購買客がリピート購入する確率が、20％程度だと言われています。

これは、顧客をファン化できていない企業の多さが数字に表れた結果です。80％もの購買客がリピート購入しない状態というのは、驚きの数字ではないでしょうか。

その原因は、提供する商品・サービスが、顧客の期待値を上回っていないことがあげられます。自分の期待値を上回った商品・サービスと出会ったときに、顧客は感動して、その商品・サービスの、そして提供している企業のファンになるものです。

かつて私のクライアントに、エステサロンの経営者がいました。

そのエステサロンは、経営自体は安定していたのですが、徐々に客足が落ちていることを気にしていました。詳しく話を聞いてみると、そのエステサロンの客層は新規顧客が70％で、リピート客が30％しかいないということでした。これはエステサロンの平均値から見ても、リピート客の少なさが際立っています。

しかも、ある常勤のエステティシャンが辞めてしまい、それに伴って集客が減少したことがわかりました。このことから、数少ないリピート客は、店舗についていたわけではなく、そのエステティシャンのファンであった可能性が高いことがわかりました。

このままでは、明らかに経営不振に陥ることが目に見えていたので、経営者とともに「顧客のファン化」の方策をＡＩＤＭＡを使って進めることにしました。

はじめに行った方策としては、ＡＩＤＭＡのＡとなる「Attention（認知）」からです。この段階はＡＩＤＭＡの流れの中で最もコストが発生します。まずは看板を一新して店舗のイメージを変えました。そして「夏までに、なりたい自分になる」というキャッチコピーの広告を雑誌に掲載しました。

次にＩとなる「Interest（興味）」を持たせるために、モニター30人を募集した無料イベントをＳＮＳ上で告知しました。その結果、問い合わせが急増しました。

Ｄの「Desire（欲求）」を満たすために行ったのは、初期カウンセリングとエステを体験してもらったうえで、納得がいかなかった際には全額返金するというキャンペーンでした。これによって新規顧客が倍増して、店舗もリニューアルしたようにイメージが変わりました。

しかし、ここで終わってしまったら意味がありません。

この結果を踏まえて、すぐに次の方策となるＭの「Memory（記憶）」に着手しました。一度でも来店してくれた顧客に対して、メルマガやＤＭなどでキャンペーンやイベント情報を流すことでリマインドしてもらいました。

この段階になると、店舗のフェイスブックのイベントページやインスタグラムにかなりのフォロワーがいました。当初は少なかった「店舗の常連客」や「店舗を気に入っている見込み客」が多数生まれました。

したがって、行動段階であるＡの「Action（行動）」の方策は容易でした。イベントやキャンペーンの告知の反応率はすこぶるよく、来店予約も順番待ちになり、このエステサロンは人気店として復活を果たしたのです。

顧客のファン化の３つのメリット

繰り返しになりますが、「顧客のファン化」とは、商品やサービス、企業、ブランドそのものに信頼を寄せ、愛着を持ち、支持し続けてくれる状態になった顧客のことです。

しかし、顧客は商品を購入してもすぐにファンにはなりません。

そのため、「常に顧客の期待を超えるサービスの提供」を念頭に置き、段階を追ってファンへと成長してもらうための工夫が求められるのです。

企業としては、大変な労力がかかり、ある程度のコストも必要となってきます。それゆえに、「顧客のファン化」の取り組みを避けている企業が、多く存在するのも事実です。

しかしながら、**企業として労力を使い、費用をかけてでも「顧客のファン化」を進めるのには理由があります。**

顧客のリピート促進が狙える

顧客をファン化する目的の1つは「リピートの促進」であり、その実現自体が大きなメリットをもたらします。リピート率が向上すれば、新規顧客の獲得に要するコストも削減でき、事業の安定性・持続性が向上するのです。

口コミや紹介が狙える

顧客をファン化することによって、新たな顧客の獲得を狙うことができます。

顧客満足を超える「感動」を得た顧客は、その声を友人や家族にシェアする傾向があります。特に、ＳＮＳが普及している昨今、ファン化した顧客の声は広く拡散される可能性を秘めており、その声は新たな顧客を呼び寄せる貴重な媒体になり得ます。

商品単価の向上(アップセル)が狙える

ファン化した顧客は、商品そのものに限らず、企業が抱く価値観やその活動自体に共感を抱いてくれる可能性があります。そのため、はじめに購入した商品がきっかけとなり、より高単価商品の購入確率も向上する傾向にあります。

このように、**「顧客のファン化」が実行されると、有り余るほどの恩恵が企業にもたらされます。**特に、「顧客のファン化がリピートを促進する」という点は、企業の健全な事業活動を倍の速さに加速させていきます。

このスピード感こそが、現在のビジネス界において、最も重要な項目の1つになるのです。

♦成功する人は一部の顧客に好かれ、ファンに育てようとする。

◇失敗する人はみんなに好かれようとしてファンを獲得できない。

19 潜在顧客を得意客に育てるセールスファネルとKPIの使い方とは？

☞セールスファネルの導入／ＫＰＩを導入した販売管理戦略

ＦＦＭＢ戦略（↓95ページ）はターゲット層の顧客を「教育」して購買プロセスを構築することで、利益の最大化をはかる戦略でした。

この節では、**まだ見込み客にすらなっていない潜在顧客に対する販売プロセスを構築し、潜在顧客から顧客になるまでの道のりをつくる**ことの重要さとその方法である「セールスファネル」（Sales funnel）を解説していきます。

セールスファネルとは？

セールスファネルとは、自身の商品・サービスを知らない人に対して、初回購入やリピート購入に至るプロセスを時系列で、視覚的に表現したものです。ファネルとは日本語に訳すと「漏斗《ろうと》」のことです。

たとえば、資料請求や無料サンプル、電話営業などで接点ができた潜在顧客や見込み客に対して、電話やメール、訪問や説明会などを通じて、受注をしていく販売プロセスとなります。

これに数値をあてはめていくと、1万人に広告宣伝をして、500人から問い合わせが来て、200人と面談をし、50人から受注するというように、人数が段階的に減っていくように表したものとなります（↓121ページ図参照）。

業種や戦略によって、段階の数やその呼び名は変わりますが、わかりやすいように代表的な次の4つの分類で説明しましょう。

①潜在顧客：まだあなたの商品・サービスを知らない顧客。
②見込み客：資料請求や無料サンプルなどから個人情報を獲得した顧客。
③購入顧客：実際に商品・サービスを購入した顧客。
④リピート顧客：何度も購入して、他の購入客を紹介してくれる顧客。

たとえば、潜在顧客に対してはランディングページやメルマガや無料サンプルの配布などで接触して、個人情報を集めます。

その個人情報をリスト化して見込み客にします。見込み客に対しては、電話をかけたりメールを送ったりして、無料セミナー（説明会）などに誘導します。

無料セミナーに参加してくる人たちは、自社の商品・サービスに対して、かなり前向きな人たちが多いので、その参加者たちを購入顧客にしていきます。

そして購入顧客に対して、購入後も接点を持ち続けてリピート顧客に育てていくのです。

このようにして、販売を拡大していくために用いるのがセールスファネルとなります。

セールスファネルにKPIを導入する

セールスファネルは、潜在顧客をリピート顧客にまで育てる方法ですが、**KPIを用いて各段階ごとの成果をはかる**必要があります。目標数値の管理をしなければ、セールスファネルを進めても無意味です。目に見える結果を出し、それを検証しないことには、問題点が発見できず、改善策を立てることができないからです。

KPIは、経営管理の際に使う用語で、「重要業績評価指標」と言われます。

KPIは、さまざまな評価指標となるデータがある中で重要となる指標で、目標達成に向かうプロセスが効果的かどうか、適切な成果をあげているかどうかを測する役割を担います。一般的には、ＰＤＣＡサイクルを回すために用いられて、週単位や月単位で確認していきます。定期的にＫＰＩをチェックしてパフォーマンスを評価し、成績が悪い場合は改善が検討され、対策が施されます。

実はＫＰＩは非常に細かく、理解するのにも苦労する指標ですが、最近ではさまざまな場面でも見かけるポピュラーな指標となっています。

ここであえてお伝えすると、**フェイズ2の企業には詳細なＫＰＩは必要ありません。**

というよりも、私が支援している企業の中で、フェイズ２の段階で詳細なＫＰＩを使いこなせている企業はほとんどありません。

なぜならば、詳細なＫＰＩにはまってしまうと、自分で自分の首を締めるように数字にがんじがらめにされて身動きがとれなくなるからです。この段階で、事業が止まってしまうのは、はっきり言って致命傷です。フェイズ２の段階にある企業は、ＫＰＩに引きずられてはいけません。

では、どのようにして、ＫＰＩを活用するのでしょうか。

それは、１２１ページの図のように、ＫＰＩをセールスファネルと重ね合わせて使用するという方法です。こうすることで必要以上にＫＰＩを追わなくて済みますし、振り回されることもなくなります。そして大切な数値をチェックすることのみ活用することにより、ＫＰＩが本来持つ素晴らしい管理能力が発揮されるのです。

これがフェイズ2の企業におけるＫＰＩの好ましい導入方法となります。

ちなみに、このセールスファネルとＫＰＩの組み合わせのように、**FFMB戦略とKPIを組み合わせて運用するのも簡単ですし、ぜひ実践していただきたい**ことです。

セールスファネルにＫＰＩを導入して不調の原因を解明

私のところへ相談に来られた美容整形のクリニックを経営されている人がいました。

個人のクリニックでしたが、院長の人柄や手術の技術についても評判が良かったため、当初は経営が非常に安定していました。また、セールスファネルも導入して、顧客に対する販売プロセスも構築していたので、大手美容クリニックよりも、少ない費用で集客もできていました。

しかし相談内容は、「最近なんとなく施術するお客さんの数が減ってきた気がする」というものでした。クリニックへの問い合わせや、無料相談には来てくれるものの、施術まで進んでいかないため、売上も落ちてきたというのです。

なぜ評判の良いクリニックが、売上の減少に陥ってしまったのでしょうか。

私が真っ先に院長にアドバイスしたのが、121ページの図のような現在のセールスファネルへのKPI（数値管理）の導入でした。KPIの導入により、施術を受ける人がなぜ減ってしまったのかを明確にしなければ、対策を検討できないからです。

このクリニックのセールスファネルは、大きく分けて5つの段階に分かれていました。

①ターゲットに対してネット広告や、SNSを使ってHPへ誘導する。
②メールか電話にて問い合わせや予約を受ける。
③無料相談に来店してもらう。
④担当医師によるカウンセリングを受ける。
⑤契約して施術を受ける。

このセールスファネルに対して、各段階に以下のKPIを導入したのです。

①HPのクリック数
②問い合わせ数

KPIを使ったセールスファネルの例

セールスファネル		KPI 1カ月の目標 ※これまでの実績で全ての工程で50%の誘導率が出ると仮定	KPI 結果
潜在顧客	HPへのクリック数	160件	160件
見込み顧客	問い合わせ数	80件	80件
そのうち客	無料相談数	40件	**20件**
顕在顧客	カウンセリング数	20件	10件
契約顧客	契約数	10件	5件

目標の契約数から逆算して、それぞれの階層の顧客に対する方策と人数を明確にして計画を立てる。

KPIを使って計測すると、無料相談への誘導がうまくいっていないことが判明する。問題点が明確なので、具体的な対応が可能となる。

③無料相談予約数
④カウンセリング実施数
⑤契約数

こうしたことで、どのくらいの確率（％）で顧客が次のカテゴリーに進むのかが解明されました。業績が好調だったころのデータでは、このクリニックの販売プロセスの進行率はおおよそ50％ありました。つまり、80件の②問い合わせがあれば、40件が次の③無料相談に進むといった具合です。

そして、その確率を現在のクリニックのデータに当てはめて、売上の減少原因を探りました。

業績が不調になってからでも、①ＨＰのクリック数も②問い合わせ数も、以前と同じくらいの数値でした。ところが、③無料相談の数が極端に減り、確率も25％程度に下がっていたのです。ちなみに、その後の④カウンセリングと⑤契約に至る確率は変わりませんでした。

このことから、このクリニックの売上の減少は、お客様の問い合わせから、無料相談への誘導がうまく機能しなくなったのが原因だとわかったのです。

院長はすぐに院内改革をはじめました。まずは、問い合わせをしてきた顧客のデータとその内容を詳細に記録するようにしました。さらに、そのときに無料相談に進まなかった人たちに対しても、定期的に連絡を入れて、コミュニケーションが途絶えないようにしました。

その迅速な対応が功を奏したクリニックは、この改革のみで以前の売上を取り戻し、毎年の増収増益に転換することができたのです。

フェイズ2でのKPIの使い方とは？

もう少しKPIについて説明しましょう。

セールスファネルやFFMB戦略におけるKPIの使い方としては、それぞれの段階で評価指数を設定することで、効果的なデータを取ることが目的となります。

その際の注意点は次の4つです。

- ●必ず課題に対して、数値ではかれるものにする。
- ●1つの課題に対して、1つのKPIを設定する。

●できるだけ頻繁に検証ができ、なおかつ成果が正確に数値に反映されるものにする。
●設定したＫＰＩを達成するための解決案を見つけられるものにする。

このように、ＫＰＩの設定においても、網羅しなければならない項目がいくつも発生します。このことからもわかる通り、**やみくもにＫＰＩを設定しても意味がない**ということです。意味がないどころか、ＫＰＩに振り回されて、前に進めなくなってしまう可能性もあります。それだけＫＰＩは影響力が強い指標なのです。

皆さんは、このＫＰＩをしっかりと理解し、正しく使用して、販売プロセスの実践における、有効な指標として活用してください。

◆成功する人はセールスファネルを基にＫＰＩを適度に活用する。
◇失敗する人はより詳細で緻密なＫＰＩをつくろうとする。

20 なぜ黒字にもかかわらず倒産する企業があるのか？

資金繰りの見直し

ここからは一番変化の激しい起業後1年を客観的に見つめ直し、事業を軌道に乗せていく作業になります。

赤字なのか黒字なのか、ランニングコストは足りているかなど、いわば経営の健康診断をし、不調が見つかったら早急に健全化するように対処する時期です。

その際、最初に行うべきなのは、まずは資金繰りの状況です。

経営収支よりも重要な資金繰り

起業後に一番気になるのが、事業の経営収支であると考える経営者がほとんどです。

しかしながら、事業の経営収支を考えているのに、資金繰りについて無頓着だったり、拒絶反応を示す人が一定数います。

確かに、融資を受ければ支払いが発生しますし、金利もかかってきます。それゆえに、できる限り融資を受けたくないという考え方も、理解できないわけではありません。

しかし、**借りられるタイミングで借りておかないと、待っているのは「赤字倒産」であったり、「黒字倒産」**であったりします。

事業が赤字で倒産してしまう赤字倒産は、誰もが想像できると思いますが、黒字なのに倒産してしまう黒字倒産はなかなかイメージしずらいでしょう。

黒字倒産は、手元資金が底をついてしまうために起こる、「キャッシュアウト」が原因で引き起こされる現象です。

会計上では黒字でも、給料や家賃、仕入れ代金や返済金の支払い日に払えるお金が手元になければ、事業が終わってしまうのです。これを黒字倒産といいます。そして、**黒字倒産を引き起こしてしまう人の多くが、融資に対して否定的な人**なのです。

せっかく起業をして事業を黒字化させても、資金繰りを気にしなかったばかりに、「黒字倒産」させてしまうのはとてももったいないことです。これは、経営収支ばかり考えていて、事業のキャッシュフローを見ていないために起こります。

一方、**会計上は赤字でも、資金繰りさえうまくいっていれば、倒産させずに事業を継続**

できるケースも多々あります。

それほど資金繰りは、経営において重要なポイントとなるのです。

資金調達ができれば、赤字でも倒産しない

事業が赤字でも、支払い日にお金が用意できれば倒産することはありません。要するに、資金調達さえできれば、事業は継続できるのです。

資金繰りの基本はいつまでにお金が必要で、どこから融資を受けるかということです。

しかし、資金繰りが苦手な（興味がない）経営者は、いざ融資を受けようとしても、日頃からの準備ができていない人がほとんどなので、融資を受けることができずに、キャッシュアウトしてしまうのです。

融資は、黒字だから必ず借りられるとも限りませんし、赤字だから借りられないということもありません。

結局のところ、日頃から融資を受けられるように、準備しているかどうかが重要なのです。

資金繰りの基本となるキャッシュフローについてチェックしておかなければならない5つの項目について、128ページにまとめました。

正常なキャッシュフローのための５つのチェック項目

☑ 仕入れ代金（在庫）

小売業や製造業などは、売る前に仕入れをして商品をつくらなければならない。また、飲食業などでも、食品などの仕入れの原価が発生する。つまり、商品を売る前に先に支払う費用が発生する。

☑ 売掛金（掛売り）

売掛金とは、商品を先に納品して、後からお金をもらうシステムのこと。これは継続的な取引業者や、大口の販売先との取引において用いられる。また、顧客からのカード払いも売掛金として扱われる。

☑ 設備投資

事業を新しく始めるときや、車や機械などを導入する際に、自己資金や融資で賄うことになるが、その支払いが高額な費用になる可能性が高い。そのため、計画的な資金調達が必要。

☑ 税金

基本的に、売上から費用を差し引いた経常利益に掛かってくるお金（納税）。また、業種や売上によっては、消費税も支払い対象となるため注意が必要。

☑ 借入金返済

融資を受けた場合には、その融資金額に対して返済金が発生する。借りた金額の元金と利息が毎月発生するため、入念な返済計画が必要。

これら5つの項目は、事業が黒字でも赤字でも発生するものなので、経営者は常に意識しておかなければならない大事なポイントです。

ほとんどの場合、事業は利益を上げることが目的となります。

しかしながら、利益を上げることばかりに目を向けていると、キャッシュフローが疎《おろそ》かになってしまうのです。売上や利益を上げることは、社員や従業員が一丸となって行えることですが、キャッシュフローの管理となると、皆で一緒にというわけにはいきません。

さまざまな支払いや、銀行との調整、決算書の確認・管理などは、起業後間もない事業者においては、すべて経営者の仕事となります。

少し厳しい言い方をすると、**「資金繰りができない経営者は、経営者失格である」**ということになるのです。

◆成功する人は黒字でも資金調達する。

◇失敗する人は赤字になるまで資金繰りを考えない。

21

金融機関の上手な選び方と付き合い方とは?

資金繰りの見直し

フェイズ1の64ページで政府系金融機関の日本政策金融公庫と保証協会付きの創業融資を受けると、その後1~2年、つまりフェイズ2の段階では追加融資を受けられないと解説しました。

ということは、この2つの融資をすでに受けていたとしたら、フェイズ2の段階では実質的に融資の可能な金融機関がないという状態になる可能性があるということです。

これは非常に危険な状況といえます。

たとえば、新しい商品・サービスの開発を行う際に資金が必要となった場合、融資をお願いする相手は基本的に金融機関となります。

しかし、それまで金融機関と付き合いが無い場合は、一から関係性を構築しなければなりません。当然金融機関も、以前からの付き合いのある企業と、いきなり相談に来た企業とでは、信頼や実績も異なりますので対応が変わります。

フェイズ2の段階では、複数の金融機関とお付き合いをすることをおすすめします。金融機関からの「突然の手のひら返し」というリスクも回避されますし、資金調達の相談先も増やせますので、調達可能額も上がります。

つまり、金融機関との上手な付き合いは、経営の安定化に欠かすことができないのです。**くれぐれも、1つの金融機関との取引で完結しないでください。**

その理由は、融資の取引1つとっても明確です。

1行独占の状態で取引をしていて、もし業績悪化か何かを理由に融資を断られたら、手の打ちようがなくなってしまいます。また、その切羽詰まった状態で、新たに取引金融機関を一から探すのは、かなり難しくなります。

あるいは、業績悪化でなくとも、金融機関の担当者は数年に一度ほぼ変わります。**これまでの担当者では通っていたことも、新しい担当者では通らないことは多々あります。**

実際に担当者と合わないというだけで、追加融資がストップしたという実例は、数え切れないほど存在します。

このようなリスクを回避する意味も踏まえて、1行独占の付き合いはしてはならないのです。

金融機関の種類

それでは、複数の金融機関と取引をするうえで知っておくべき、金融機関の種類を説明します。

都市銀行

現在では、三菱ＵＦＪ銀行、みずほ銀行、三井住友銀行、りそな銀行（埼玉りそな銀行含む）が都市銀行と呼ばれています。これらの大規模銀行は、大都市の市民のための銀行というよりも、大企業や大企業に準ずる中堅企業と、そこで働く人のための銀行といえます。

地方銀行（第一地銀、第二地銀）

それぞれの地方の企業や、住民のための銀行です。第一地方銀行と第二地方銀行の2種類に分かれます。

第一地方銀行は、設立当初から地方銀行だったところで、銀行名を地域名にしているなど、規模の大きめな銀行が多いです。

銀行の種類と特徴

	融資対象	預金量	金利	地元密着性
都市銀行	日本全国	50～100兆円	低い	弱い
地方銀行	東北・北陸などエリア限定	数千億～数兆円	↕	↕
信用金庫	都内・県内など管轄地域限定	数百億～数千億円	高い	強い

第二地方銀行は、かつては相互銀行といって、小さい金融機関が集まってできた銀行です。

信用金庫

地方銀行が、それぞれの県の属する「地方」で展開しているとすれば、信用金庫の業務範囲は、「地域限定」となります。信用金庫の場合は、融資に関しても上限や制限があります。

このように、それぞれの金融機関には特色があり、どの金融機関とどのように付き合っていくのかを吟味して、選択しなければなりません。

事業規模の融資特性に合った銀行を選択する

ここまでの金融機関の説明は、あくまでもそれぞれの特性を説明したものです。

したがって、企業がどのような銀行に口座を開設して、何らかの預金取引をすることは、まったく問題ありません。

しかし、融資に関しては、しっかりと融資特性を見定めなければなりません。

特に、起業後2年間の銀行選びは、事業の経営上の融資を受けることを前提として、選択しなければならないのです。

ここで、銀行の融資の仕組みを簡単に説明すると、それぞれのエリアの預金者のお金を、同じエリアの事業者に融資をするという形が一般的です。

ということは、ある都道府県の中だけで営業するのであれば、その都道府県に本店所在地がある銀行と取引するのが望ましいといえます。

ポイントとしては、エリアが広くなればなるほど審査は厳しくなり、金利は下がります。

また、エリアが狭くなればなるほど審査は緩くなり、金利が上がるという面もあります。

このように、それぞれの特性を理解したうえで、融資に臨まなくてはなりません。

その第一歩が、銀行選びになるのです。

まずは日本政策金融公庫を活用し、そのうえで地方銀行か信用金庫からも融資を受けることが重要です。

起業後2年間の経営では、資金の有無が企業の運命を左右します。

つまり、この期間の融資（資金調達）は、特に失敗してはいけないのです。

◆成功する人は複数の金融機関とバランス良く付き合う。

◇失敗する人は1つの金融機関と深く関わろうとする。

22

キャッシュフロー計算書の読み方とランニングコストの計算方法とは?

事業の1年間の成績を確認(キャッシュフロー計算書)

ここからは財務三表について説明していきましょう。

経営者が、しっかりと経営収支を管理するうえで、本当に見なければならないのが、次の財務三表と呼ばれる書類です。

①キャッシュフロー計算書
②損益計算書
③貸借対照表

この財務三表をしっかりと管理して、経営の舵取りをするのが、本来の経営者の仕事になるのです。また、経営状況を把握することにより、キャッシュフロー対策ができるようになり、キャッシュアウトや、黒字倒産を防ぐことに繋がります。

「キャッシュフロー計算書」は、現金の増減とその理由を示す役割があります。これにより、決算の期首にいくらの現金があって、期末にいくら残っているかという現金の流れが把握できます。

ちなみに、「損益計算書」（↓146ページ）はどれくらい利益が出ているのか、あるいは出ていないのかを表し、「貸借対照表」（↓151ページ）は企業全体の財産を表します。

この財務三表は互いに深く関連しており、それぞれを見ることによって、企業が置かれている状況を総合的に判断することができるのです。

キャッシュフロー計算書について

まず、キャッシュフロー計算書を解説していきましょう。

キャッシュフロー計算書は139ページの図のように、「期末のキャッシュ残高＝期首のキャッシュ残高＋期中のキャッシュ増額分－期中のキャッシュ減少分」という構造になっています。

この中に、「営業活動によるキャッシュフロー」「投資活動によるキャッシュフロー」「財務活動によるキャッシュフロー」という3つの区分をつくり、よりわかりやすく現金の流れを表します。

①営業活動によるキャッシュフロー

その企業の中心的な事業が、いくら資金を生み出しているのかを示す項目です。この項目がプラスなら事業が資金を生み出しており、マイナスなら事業によって資金を食い潰していると判断できます。マイナスの場合は、在庫圧縮や売掛金回収サイト短縮、買掛金支払延期などを検討する必要があります。

②投資活動によるキャッシュフロー

設備投資や事業への投資といった投資活動による現金の流れを示しています。マイナスになっているということは、固定資産などを購入しているということであり、プラスになっているということは、保有する固定資産などを売却して資金を得ているということです。

③財務活動によるキャッシュフロー

企業が資金不足に陥ったときの資金調達方法と、借りたお金の返済方法を表すのが、財

キャッシュフロー計算書(サンプル)

自　令和2年　6月1日　　至　令和3年　5月31日

単位:円

科目	金額
Ⅰ 営業活動によるキャッシュフロー	
税引前当期純利益	300,000
受取利息及び配当金	△10
その他営業外収益	△15,000
その他資産の増加額	△25,000
その他負債の減少額	△50,000
小計	209,990
利息及び配当金の受取額	10
営業外収入	15,000
法人税等の支払額	△115,000
営業活動によるキャッシュフロー	**110,000**
Ⅱ 投資活動によるキャッシュフロー	
貸付金の回収による収入	850,000
投資活動によるキャッシュフロー	**850,000**
Ⅲ 財務活動によるキャッシュフロー	
財務活動によるキャッシュフロー	**0**
Ⅳ 現金及び現金同等物の増減額	**960,000**
Ⅴ 現金及び現金同等物の期首残高	**6,500,000**
Ⅵ 現金及び現金同等物の期末残高	**7,460,000**

(Ⅰ〜Ⅳ:期中のキャッシュ増額分&減少分)

期末のキャッシュ残高 ＝期首のキャッシュ残高
＋期中のキャッシュ増額分
－期中のキャッシュ減少分

務活動によるキャッシュフローの内容です。銀行からの借入や、返済などがここに含まれます。

この3つのキャッシュフローをしっかりと管理して、経営に役立てることが重要です。

ランニングコストを見積もる方法

キャッシュフロー計算書を確認することで、現時点で手元にある現金の額を把握することができます。つまり、**ランニングコストは足りているのか、資金繰りを検討する必要があるかなどを判断できます。**

このランニングコストを管理できるかどうかが、企業の経営において、非常に重要なポイントとなります。逆に管理を軽視して、どんぶり勘定で経営すると、あっという間にキャッシュアウトしてしまいます。それだけ、経営者にとっての必須の知識なのです。

事業を運営維持していくためには、固定費・変動費ともに必要なので、両方を合算したものをランニングコストとして考えます。このランニングコストを予測して、事業計画の数値を決めるのも、経営者の役割となります。

ランニングコストとキャッシュフローの考え方

	プラスの場合	プラスにならない場合
営業活動によるキャッシュフロー	本業での資金の獲得	本業で資金が流出
＋		
投資活動によるキャッシュフロー	設備や株などの売却	設備や株などへの投資
＝		
フリーキャッシュフロー	経営状態良好	経営状態危険

↓

ランニングコストの検討

対処	借入の返済、内部留保など	資金調達

ランニングコストを管理するうえで最初に行うべきなのが、「フリーキャッシュフロー」の金額を計算することです。

フリーキャッシュフローとは、企業が自由に使える現金のことです。簡単に計算すると、キャッシュフロー計算書における**「営業活動によるキャッシュフロー」と「投資活動によるキャッシュフロー」の合計金額が、フリーキャッシュフロー**となります（より厳密な計算は「フリーキャッシュフロー＝営業利益＋減価償却費－税金－設備投資－運転資本増加額」となる）。

このフリーキャッシュフローが多

いほど、資金に余裕があることになり、経営状況が良いということになるのです。一方、フリーキャッシュフローがゼロやマイナスの場合は、資金が不足している状態ということになり、資金調達が必要となります。

ランニングコストは、このフリーキャッシュフローを超えないように、諸費用を抑えながら導き出さなければなりません。つまり、ランニングコストの上限を決めずに、費用を確定させてはいけないということです。

1カ月分の売上金額と同額程度の資金を持つ

ランニングコストについては、最低でも1カ月分の売上と、同額程度の手元資金を持つことが重要です。その理由としては、1カ月分の手元資金がなければ、次月の支払いができないからです。

損益計画通りの売上数値が出たとしても、ほぼ同額に近い費用が発生するのが通常の経営です。当然、売上金額の1カ月分の手持ち資金がない場合は、次の売上金が入るまでは支払いができません。

次の売上の入金があり次第、支払いにあてるというやり方は、「自転車操業経営」と呼ばれます。起業後1年の企業はほぼ自転車操業で経営しており、決してすべての自転車操業が悪いとは言いませんが、**起業後の2年間で自転車操業から抜け出せないようだと、経営が不安定**と言わざるを得ません。

この状況は、起業後間もない経営者にとって、リスクが高すぎます。事業の中で、何かしらアンラッキーな出来事が起これば、すぐに経営が傾き、倒産の危機がやってきます。

これでは、事業を伸ばして行く際にも、足枷《あしかせ》となってしまいます。足枷がついた企業は、成長スピードがどんどん遅くなります。

この成長スピードが遅くなることが、一番のリスクなのです。

なぜならば、起業後2年間の成長こそが、企業を次なるステージに運んでくれる原動力となるからです。翌月の支払いに汲々としている状況が続くようでは、新たなチャレンジをする資金的な余裕も、大胆な発想をするような気持ちも生まれないものです。

したがって、常に1カ月分の売上金額と同等の資金を持つことで、直近の支払いについての不安を消さなければなりません。

具体的な対策は、**「入金はより早く、支払いはより遅く」を基本に行います。**要するに、いかにキャッシュが入るのを早め、出るのを遅くするかを考えるのです。

手元に少しでも多くのキャッシュを持っておくためには、キャッシュが入ってくるタイミングを少しでも早め、出ていくタイミングを、可能な限り遅らせなくてはなりません。

たとえば、キャッシュが入ってくるのを早める方法として、顧客からの入金を早めてもらうことが考えられます。これは、手付金や中間金をもらう方法や、期日より早く入金した顧客には入金額を割り引くなどの特典を設け、入金を促進する方法などがあります。

一方、キャッシュが出ていくのを遅らせるために、支払いのサイクルを1カ月先に延ばしてもらう方法や、設備投資の際にも、出ていくキャッシュを抑えるために、リースやレンタルを利用したりする方法などもあります。

このように、**キャッシュフローの改善に対して、できる限りの方法を取ることが、事業の成功に繋がる**のです。

2年間のランニングコストと予測キャッシュフロー計算書

キャッシュフロー計算書の読み方について説明してきましたが、ここまでは、あくまでも単年度分の話です。

既存の企業や、長く経営をしている経営者であれば、単年度の「キャッシュフロー計算書」の活用だけでも十分でしょう。

しかしながら、起業後の皆さんは、これだけでは不十分です。

皆さんがやるべきことは、キャッシュフロー計算書を理解したうえで、**「2年間の予測キャッシュフロー表」をつくる**ということです。つまり、**今後2年間分のランニングコストも計算する**ということです。

未来の数値をつくることは、過去の数値を分析するよりも、想像以上に困難です。

なぜならば、経営者は未来の数値においては、必ず甘めにつくる傾向があるからです。

未来に希望を描く経営者の特徴でもあり、致し方ないことでもありますが、起業後すぐの経営者の場合は、常に最悪の事態を想定して、厳しめにつくらなければなりません。

それだけ起業後というのはとても不安定で、気の抜けない時期であるということです。

皆さんは、この予測キャッシュフロー計算書をうまく活用して、長期間にわたる事業の継続を実現してください。

◆成功する人は2年間の予測キャッシュフロー表を厳しめにつくる。

◇失敗する人は単年度の予測キャッシュフロー表を甘めにつくる。

23

損益計算書と損益分岐点の読み方とは？

事業の1年間の成績を確認（損益計算書）

経営収支を気にする経営者が、その性質上最もよく見て、そして好まれている財務表が「損益計算書」です。

他の財務表に比べて、経営の黒字・赤字がわかりやすく記載されているのがその理由です。

そして起業後の経営者が注目して管理しなければならないのが、「損益分岐点」です。

損益分岐点を超えることこそ、起業したあとに最初に目指す到達地点となります。

損益計算書で見るべきところ

まずは、損益分岐点を管理するうえで、基本の数値となる損益計算書について説明します。

損益計算書は、事業の利益を知ることができる財務表です。

損益計算書は、収益・費用・利益が記載されており、英語の「Profit and Loss Statement」を略して「P／L」とも呼ばれます。

収益から費用を差し引いた利益を知るための書類なので、「費用を何に使って」「どれだけ売上が上がり」「どれくらい儲かったのか」を読み取ることができます。

また損益計算書は、一定期間の事業の利益を示しますので、経営者にとって事業の経営戦略を立てるうえで重要な指標になります。

さらに、損益計算書の変動費と固定費を分けることで、黒字と赤字の境界線を示す「損益分岐点」を見極めることができます。

このように、**損益計算書は損益分岐点を導き出す、重要な財務表**になってくるのです。

損益分岐点は、赤字の状態なら「どこまで売上を上げれば黒字になるのか」、黒字の状態なら「どこまで売上が落ちたら赤字になってしまうのか」を判断するための目安になります。

要するに、「売上と費用が一致する点」を指します。

事業は、最低でも損益分岐点に到達するだけの売上を獲得しなければ、赤字に転落してしまいます。

費用を固定費と変動費に分類し、事業活動の収支構造を明らかにすることで、効率的なコストカットと商品・サービスの品質管理を両立させるために用いられます。

つまり、**事業の経営状態を分析するうえで、損益分岐点は非常に重要な指標となる**のです。損益分岐点を明確にするためには、固定費と変動費についての理解が重要です。なぜなら、これらの経費を抑えることが損益分岐点を突破して黒字転換するための方法の1つだからです。

それでは、次に費用の中の、固定費と変動費について説明します。

固定費

固定費とは、売上の数字にかかわらず、決まった額だけ生じるものです。つまり、売上の数字がどれだけ変動しても金額が変わらない費用です。代表的な例としては、事務所の家賃、人件費、税金、支払利息が該当します。

変動費

変動費とは、売上の数字に比例して金額が増減するものです。代表的な例としては、商品仕入、製品の原材料や加工費、水道光熱費が該当します。

損益分岐点の計算方法

限界利益率

損益分岐点売上高＝固定費÷{(売上高－変動費)÷売上高}

限界利益
1個商品を売ったときにどれだけ
固定費を回収できるかを示す。

例) 1個80円で仕入れたりんごを、120円で販売しています。
1カ月の固定費が50万円だとすると、利益を生み出すには、
何個売らなければならないでしょうか？

50万円÷{(120円－80円)÷120円}＝150万円

固定費　売上高　変動費

整理すると……

固定費	¥500,000
売上高	¥120
変動費	¥80
限界利益	¥40
限界利益率	33.3%
損益分岐販売数	12,500
損益分岐点売上高	¥1,500,000

この固定費と変動費を把握したうえで損益分岐点を導き出す方法を具体例とともに示したのが１４９ページの計算になります。

このようにして、どのくらいの売上高を上げなければならないかを、管理するのです。

起業後の、**最初の到達目標地点である「損益分岐点」にいち早くたどり着けるかが、事業継続に大きく影響してくる**のです。

♦成功する人は損益分岐点の管理を怠らない。

◊失敗する人は売上計画のみに囚われる。

24

金融機関から最も注目される貸借対照表の読み方とは？

事業の1年間の成績を確認（貸借対照表）

実は「貸借対照表」は財務三表の中で、最も経営者から軽視され、あまり注目されておりません。

その理由は2つあります。

1つ目は、貸借対照表は日頃の経営を見る際に、あまり使用されないこと。2つ目は、貸借対照表の見方が難しく、理解できている経営者が少ないことです。

しかし貸借対照表は、1年間の事業の成績表の意味合いも含まれており、取引先や、金融機関、株式会社であれば株主たちの注目の的なので、非常に重要なのです。

つまり、気にしていないのは経営者だけで、対外的には最も重要視されているという、特殊な財務表です。

その中身を知り、対外的に評価される貸借対照表をつくらなければならないのです。

貸借対照表で財務状況を読む

企業は1年間の事業年度を終えた時点で、取引先や金融機関などに対して一定期間の収支や資産・負債の状況を報告するために決算を行います。貸借対照表は、この決算に際して作成される財務表の1つです。

貸借対照表からは、次の情報を読み取って、会社の財政状況を把握することができます。

- 会社が持っている「資産」。
- 返済する義務がある「負債」。
- 総資産から負債を差し引いて残る返済義務のない「純資産」。

つまり、貸借対照表からは、会社がどのようにして資金を調達し、調達した資金を、どのように運用しているかを確認することができるのです。

また、貸借対照表は、大きく左右2つに分かれ、右側がさらに上下2つに分かれています。

左側に記載されているのは「資産」の部で、集めた資金をどのように保有・運用しているかを示しています。

一方、右側に記載されているのが「負債」の部と「純資産」の部で、会社が事業に必要な資金をどのように集めたかを示しています。

なお、この左側の数値の合計値と右側の数値の合計値は、最終的に釣り合うことから、貸借対照表は「バランスシート（B／S）」とも呼ばれています。

概要については、154ページの図を御覧ください。

金融機関も取引業者も、みんな見ている貸借対照表

繰り返しになりますが、皆さんの貸借対照表は、関係業者からすれば、注目の的なのです。

特に、金融機関は融資審査の際に、貸借対照表の確認を最優先します。

この貸借対照表の成績が悪いだけで、いくら損益計算書の内容が良くても、融資審査に落ちてしまうことがあります。この場合、経営者からすれば、損益計算書が良いので、当然借りられると思っていた資金が借りられなくなり、キャッシュアウトしてしまう可能性が出てきてしまうのです。

このような状況に陥らないように、次の方法で企業としての健全性をチェックしてみて

貸借対照表の読み方

会社が保有している資産のうち、決算から1年以内に現金化できるもの。現金、預金、売掛金、有価証券、棚卸資産など。

決算から、1年以内に返済の義務がある負債。支払手形、買掛金、未払金など。

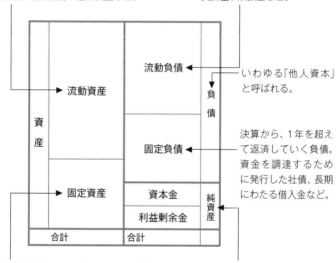

いわゆる「他人資本」と呼ばれる。

決算から、1年を超えて返済していく負債。資金を調達するために発行した社債、長期にわたる借入金など。

会社が保有している資産のうち、決算から1年以内に現金化されなかったり、支払う必要がなかったりするもの。土地、建物、機械、長期間保有する投資有価証券など。

株主が出資する資本金や、過去の利益の合計額。「自己資本」とも呼ばれ、返済の義務はない。

資産＝負債＋純資産
つまり、必ず左右の合計が一致する

純資産を見ると、起業の財政体質が見える

$$\text{自己資本比率}(\%) = \frac{\text{純資産}}{\text{総資産（負債＋純資産）}} \times 100$$

一般に自己資本比率が30以上が優良、10%以下が危険水域とされる。

くださいし（ちなみにこのチェックは、金融機関でも行われるチェックなので、覚えておくと得をします）。

経営の健全性を最も把握しやすいのは、純資産の部です。

総資産に対する純資産の比率である「自己資本比率」が高いほど、企業の財政体質は良好だといえます。

154ページの図でも記しましたが、「自己資本比率」は次の計算式で求めることができます。

自己資本比率（％）＝純資産÷総資産×100

一般的に、自己資本比率が30％以上であれば、財政状態が優良だとされています。

逆に、自己資本比率が10％を下回っていると危険水域です。

また、1年以内に現金化できる流動資産も重要です。特に現金、預貯金は、多ければ多いほど経営が安定しているといえます。

一方、建物・土地・機械などの固定資産の割合が高いと、一見資産が多い会社に見えますが、実際には買い替えたり修理したりする維持費用がかかっていますので、注意が必要です。

このように、貸借対照表の一部を見ただけでも、経営状況が見えてしまうのです。

それほど重要な財務表を、「わからない」「知らなかった」で済ますのは大変危険なのです。

◆成功する人は経営を貸借対照表によって管理する。

◇失敗する人は貸借対照表のキモを知らない。

フェイズ2　まとめ

　ここまで読み進めていただければ、起業後の2年間が、いかに重要かは理解できたことでしょう。そして、経営者としての努力と決断によって、2年間を生き抜く方法が見えてきたのではないでしょうか。

「事業は起業できたらゴールではありません。はじまりに過ぎないのです。この起業後2年間を生き抜けるかどうかが、本物の経営者になれるかどうかの分かれ道なのです」

　これは私が経営のサポートをする際に、クライアントに必ず伝える言葉です。

　そしてこのフェイズの最後に、1つ皆さんに伝えたいことがあります。

「企業としての生存は、経営者がやるべきことをやるかどうかにかかっている。何も考えなければ、必然的に脱落する。考えて行動するかどうかは、経営者次第である」ということです。

　フェイズ2はやるべきことが膨大なので、かなりのエネルギーを消耗します。

しかし、これを実行できるのは、経営者である「あなた」だけであり、「あなた」が行わなければ、誰も着手しません。

企業としての生存は、間違いなく「あなた」にかかっているのです。

◆成功する人は起業後の2年間の重要性を知り、すべてを2カ年計画で進める。

◇失敗する人は起業したことに満足感を得て、短期間の計画を立てる。

フェイズ3

5年間の事業継続

絶対負けない
経営力の育て方

25

イノベーションを起こす準備はできているか？

イノベーションの準備

フェイズ3までたどり着いたときに経営者がやるべきことは主に3つです。

①イノベーションの可能性を探る。
②既存の商品・サービスの価値を高める。
③事業が安定的に継続するように経営者としての覚悟を持って行動する。

フェイズ3に入ると、既存の商品やサービスはプロダクトライフサイクル（↓77ページ）における衰退期に差し掛かっているはずなので、この段階でなんとかテコ入れをしなければなりません。

そこで必要になるのが①と②になります。

さらなる成長のためのイノベーションの必要性

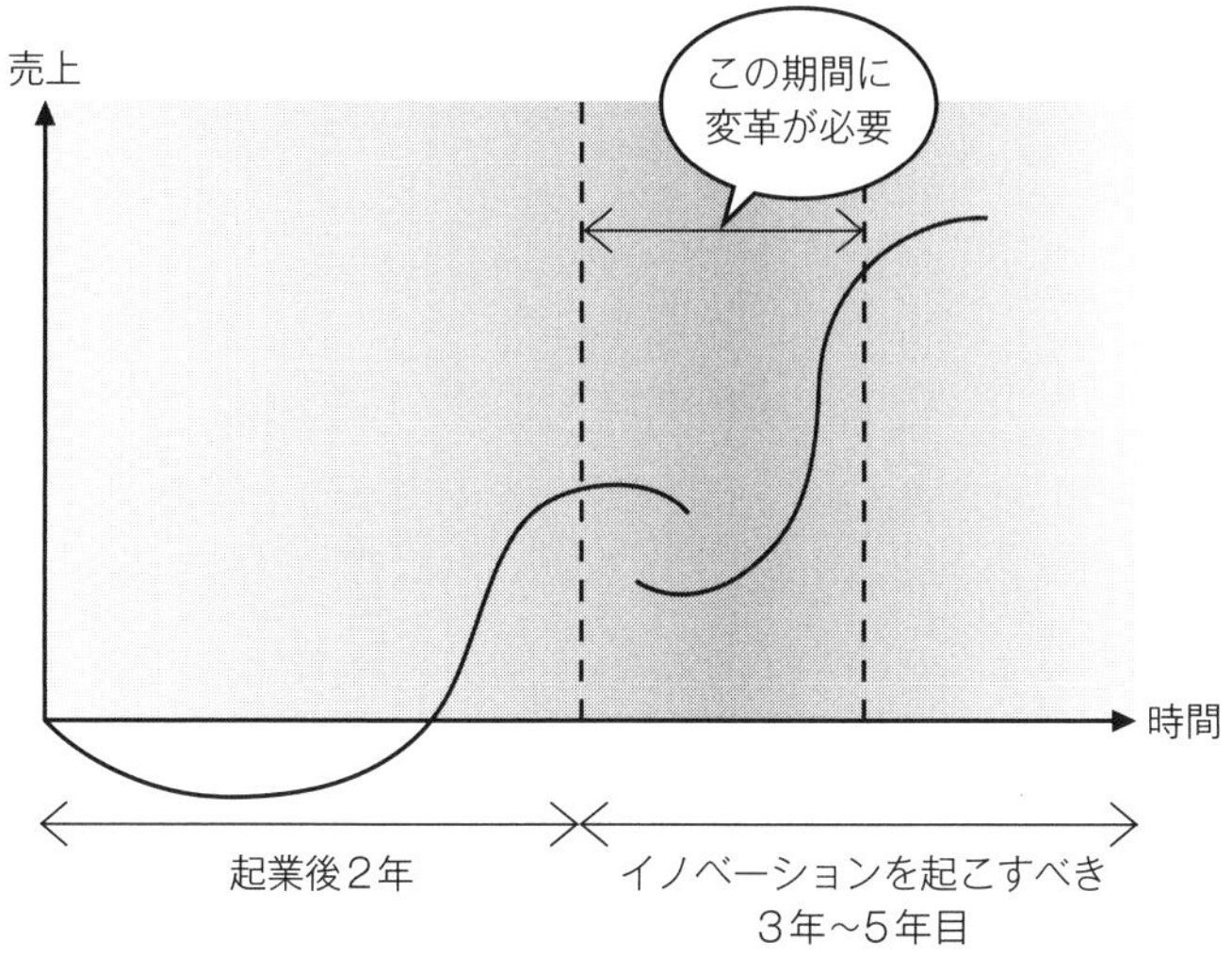

そして怒涛のフェイズ2の間には、経営者というよりもプレイヤーとして先頭に立ち、目の前のことに必死にならざるをえなかったため、どうしても手がつけられなかった経営者にしかできない仕事があったはずです。

そのために③が必要になるのです。本節では、まずイノベーションについて解説します。

イノベーションとは

イノベーションとは、一般的には「改革」「革新」を意味する言葉で、新しい市場の開拓や新機軸の導入など、革新的な取り組み全般に対して使われています。

その中で、企業におけるイノベーションとは、顧客の嗜好や、技術の変化が激しい時代への「対応力」であり、商品やサービスの進化・向上のことを言います。

そして他社とは違う、自分だけの商品、信頼されるサービスを構築することが、イノベーションの本質です。

イノベーションを起こすには、次の3つの分野のいずれかを端緒として考えると取り組みやすいでしょう。

創造的活動による新商品開発：新機軸の商品やサービスを開発すること。

新たな生産方法の導入：それまで業界で用いられていなかった、新たな生産方法を導入すること。

新しいマーケットの開拓：既存市場・新規市場問わず、これまで参入していなかった新たな市場を開拓すること。

この3つの分野を組み合わせることにより、「創造的破壊」を起こし、企業のさらなる経済発展に繋がります。

これこそが、熾烈な生存競争を生き抜く方法となるのです。

無駄な時間を「利益を生む時間」に変えた発想

イノベーションの例として取り上げられやすいのは、ソニーのウォークマンやアップルが開発したｉＰｈｏｎｅです。

事実、社会やライフスタイルを大きく変えました。したがって、イノベーションというと大企業や稀代の天才だけが起こしうる、大掛かりなものという印象があるかもしれません。しかし、決してそんなことはありません。

私がサポートしている企業が、イノベーションを起こした事例を紹介します。

その企業は7店舗ほどの飲食店を経営しており、どの店も安定的な売上を上げておりました。

しかし、社長は自社の閉塞感を打破したいと私のところに相談に来たのです。

会社の経営は順調だったものの、このままでは安定期から停滞期となり、やがて衰退期に入ってしまうという危惧を抱いていました。

確かに、当時は新店舗を出店せず、現状維持を続けていた感もあったので、このタイミングでイノベーションに挑戦しようということになりました。

まず、既存の店舗にて新しいサービスを提供できないかを考えたのですが、その際に着目したのが、飲食店特有の「空き時間」の活用でした。

お昼前から午後2時頃と、18時〜24時までは飲食店としてのメインの時間帯です。しかし、その時間以外は、休憩時間や仕込みの時間帯で、まったく利益を生んでいませんでした。

そこで、この無駄な時間帯を活用すべく、その社長の趣味でもあったマンガを導入して定額制の喫茶店（マンガ喫茶）として、時間帯を定めて開放したのです。

飲み物はセルフのドリンクバーで対応したため、必要な人件費は1人分で済みました。すると、「スキマ時間を潰したいサラリーマンや暇を持て余した若者たち」に大好評となり、みるみるうちに利益を生む時間帯へと変貌していったのです。

このサービスはこの企業のキラーコンテンツとなり、店舗数が増えて、さらなる成長を迎えることになったのです。

このように社会にインパクトを与えずとも、これまでなかった新しい商品やサービスを生み出したり、新たなマーケットに参入することもイノベーションの1つなのです。

この事例から読み取れる教訓があります。

それは**小規模経営の企業は、いかに「ニッチな」マーケットを見つけ、そこに深く入り込むかが重要**なポイントとなるということです。

◆**成功する人はイノベーションの可能性を探る。**

◇失敗する人は変化を嫌う。

26

客単価を上げて成長をうながすアップセル・クロスセル・LTVとは？

既存の商品・サービスの見直し（アップセル・クロスセル・LTV）

フェイズ3の段階まで生き延びた企業は、多くの場合、自社の商品・サービスが確立しており、安定しているともいえますが、有り体に言えば、マンネリ化しているともいえます。つまり、さらなる成長が見えづらいということです。

この状況を打開するためには、画期的な新事業やイノベーション（↓160ページ）を起こすか、既存の商品・サービスの価値を上げるしか方法はありません。

その2つを比較したときに、よりリスクが低くて取り組みやすいのは後者です。

そして、そのために必要なのが、マーケティングや営業の手法である、アップセル・クロスセル・LTV（ライフタイムバリュー）という顧客単価を上げる方策です。

アップセルやクロスセルは、主に既存顧客に対するアプローチで、成功すれば顧客単価を大きく上げることができます。

しかしながら、顧客との密なコミュニケーションがないと、アップセルもクロスセルもただの「押しつけ」になってしまうため、慎重な運用が必要となります。

ＬＴＶとは、ある特定の顧客が企業に対して、最初の接触時点から、関係性が継続する限りの期間に、企業が得られる収益の総額を算出する指標です。日本語では「顧客生涯価値」と呼ばれることもあり、顧客のファン化がもたらす、非常に大きな恩恵の１つです。どれも、企業の長期的な経営を支える手法となりますので、それぞれ説明していきます。

アップセル、クロスセルとは？

顧客に対して、より高額なモデルの商品をすすめる手法がアップセル、セットとして関連商品をすすめる手法がクロスセルです。

アップセルもクロスセルも、商品を検討中の顧客や既存顧客に対して行われる営業手法で、顧客単価を上げることを目的としています。

ちなみに売上とは、単純に考えれば顧客単価×顧客数で計算できます。要するに、顧客数を増やすか、顧客単価を上げるしかありません。

アップセルやクロスセルは、このうち顧客単価に注目しているわけです。

一昔前のマーケティングでは、顧客数を増やすことに重きを置いていました。マスメディアに対して大量の広告を打つことで認知度を高め、消費者を引きつけて大量に購買させていたのです。

しかし、人口の増加が止まり、顧客の獲得が難しくなってきた現在では、大勢の顧客に売りつけるのではなく、既存顧客を大切に扱い、長く維持して顧客との関係を深め、顧客単価を高めて売上を伸ばすやり方が主流となってきました。

アップセルとクロスセルの実例を見てみましょう。

アップセル事例①——小売業

有効なアップセルの方法として「まとめ買い」という方策があります。これは、「2個セット」や「3カ月分」など、複数の商品を買ってもらうよう提案する方法です。

たとえば、「3個セットなら、単品購入と比べて○%割引」といったお得な価格を提示したり、「お1人様2つまで」「1家族様3個まで」といった限定感を出すのが一般的な方法です。

また、郵送を伴う小売業であれば、「1個だけなら送料がかかってしまうけれど、2個以上で無料」や「2個買うと、1個無料でさらにプレゼント」というように、2個のほうがお得に思えてくるようなプランを提示する方法もあります。

アップセル事例②——情報商材・コンテンツ事業

アップセルの手法の中には、「上位ランクのものをすすめる」という手法があります。

これは、情報商材やコンテンツ系のビジネスでよく見られる手法で、無料の情報公開ページを用意して興味を引いたうえで、「これ以上の購読は有料である」と提示するのもその1つです。

その商品・サービスに触れている顧客は、はじめての顧客よりも、確実に高い確率で購買に至ります。

アップセル事例③——ネイルサロン

ネイルサロンではアップセルの実例をよく目にします。

たとえば、ネイルのカラーリングをしに来たお客様に対して、カラーリングのダメージを軽減させるためのケアをすすめるのもアップセルの1つです。

「このケアを行えば、ネイルのカラーがさらに綺麗になりますよ」とアドバイスすることで、アップセルを実現しているのです。ネイルサロンに通う顧客で、より美しくなることに否定的な顧客が少ないという心理をついた上手な方法といえます。

クロスセル事例①――靴屋

靴屋に革靴を購入しにきた顧客に対して、クリーナーやブラシ、シュークリームなどといったお手入れ用グッズをすすめることがあります。こういった売り方がクロスセルです。

クロスセル事例②――ECサイト

ECサイト（オンラインショップ）は、過去の購入履歴や閲覧履歴に基づいておすすめ商品を表示しています。また、購入後に「こちらの商品を購入した人は、併せてこちらの商品を購入しています」と画面に表示するのも、クロスセルの手法です。

クロスセル事例③――ファストフード店

ファストフードのチェーン店で、ハンバーガーを注文したときに、「一緒にポテトもいかがですか?」と尋ねるのは典型的なクロスセルです。当然、チェーン展開していない小さな飲食店でも使える方法です。

このように、たとえ言葉は知らなくても、アップセルやクロスセルを駆使している業態は非常に多いのです。

しかし、このアップセル、クロスセルを用いる際に、気をつけなければならないことがあります。それは、顧客に強引と感じさせないことです。

この問題を回避するポイントは、売る側の都合で考えるのではなく、あくまで顧客視点を忘れないことです。

「もし今より価格の高い商品を購入したら、顧客にどのようなメリットがあるか」

「関連商品を購入したら、もとの商品と組み合わせることで、どのようなメリットがあるか」

これを顧客にわかりやすく提示することで、アップセルやクロスセルの成功率を上げられるようになります。

LTV（ライフタイムバリュー）とは？

LTV（Life Time Value）とは、さまざまな投資をして得た顧客を、一度だけの取引だけで関係を終了させるのではなく、その先も良好な関係を築き、**継続的に商品・サービス**

を購入してもらえる環境や仕組みをつくり出して、売上を高める手法のことです。

ＬＴＶを高めるには、顧客へのロイヤリティが欠かせません。

顧客に他では入手できない絶対的な価値を提供し、企業や商品・サービスのファンになってもらうのです。つまり、ＬＴＶを高めるためには、顧客のファン化（↓１０８ページ）が必須項目であるということです。

ＬＴＶは１７３ページの計算式で求めます。購買単価を上げるか、購買頻度を高めるか、契約期間を長期化するか、いずれかの方法、あるいは合わせ技でＬＴＶを高めます。

顧客に価値を感じ続けてもらうことができれば、おのずと契約期間も長くなります。

そこに先ほど解説したアップセル、クロスセルなどの手段を組み込んで、購買単価や購買頻度の向上をはかることができれば、よりＬＴＶを高めることができるのです。

そしてＬＴＶが高まると、低コストで高い利益が得られるため、ブルーオーシャンに進みやすくなります。

単価か、頻度か、期間か

ＬＴＶを高めるには、購買単価、購買頻度、継続購買期間のそれぞれの数値に注目し

LTVの計算式と概念図

【計算式】 LTV＝(平均購買単価×購買頻度×継続購買期間)
－(新規獲得費用＋顧客維持費用)

【例】
平均購買単価：¥10,000
購買頻度：年3回
継続購買期間：5年
新規獲得費用：¥4,000
継続維持費用：¥5,000(年¥1,000)

この場合は……

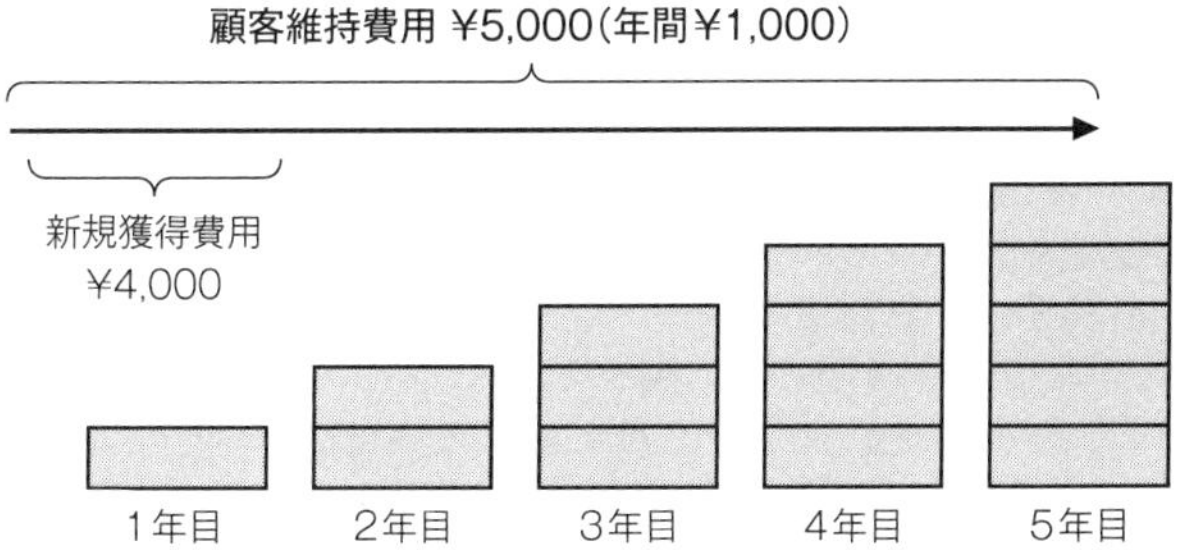

	1年目	2年目	3年目	4年目	5年目
購入額	¥30,000	¥60,000	¥90,000	¥120,000	¥180,000
新規獲得費用＋顧客維持費用	¥5,000	¥6,000	¥7,000	¥8,000	¥9,000
					LTV ¥171,000

LTVを上げるための3つの方法

購買単価を上げる　購買頻度を高める　継続購買期間を長くする

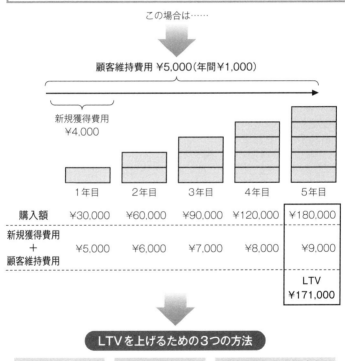

なければなりませんが、この3つのうちどれを優先するかは、業種や扱っている商品によっても変わってきます。

税理士をはじめとする社会保険労務士や弁護士など、士業をはじめとした顧客と顧問契約を結ぶ業種はLTVに馴染みが深いはずです。

たとえば税理士であれば、毎月の顧問料をいただき、その会社の会計や税務を請け負います。またFC本部であれば、毎月のロイヤリティをもらい、加盟店に指導・アドバイスという役務の提供をします。最近よく耳にするようになったサブスクリプション（定額制）みたいなもので、安定的に収入が入ってきます。こうした事業の場合は、契約期間をいかに長くするかに注力することが大切になります。

購買頻度を高めるLTVの例としては、薬局やクリーニング店のポイントカードがあります。単価を上げづらい生活必需品などは、「頻度と期間」に注力するのが正しいLTVの運用に繋がります。

また、LTVの中の単価を上げる選択をする場合は、顧客に対するサービスの向上が大前提となります。例としては、電化製品や携帯電話（スマートフォン）などの延長保証を提案し、その分の価格を上げる方法があります。延長保証は顧客期間も伸びるので、さらにLTVを高めるためにも有効となります。

これらの手法を駆使することで、価格競争の世界であるレッドオーシャンに立ち入ることなく、事業を継続させていくことが重要です。

◆成功する人は顧客の生涯価値を考えてサービスを提供する。
◇失敗する人は継続性のないサービスを提供する。

27

3つの経営計画をつくるメリットと活用方法とは？

☞経営計画の作成（長期計画・中期計画・年度計画）

起業後2年間を生き抜いた企業は、さらなる長期経営に向けた準備をしなければなりません。この段階での準備とは、これまで企業として築いてきた基礎をベースに、新しい経営計画をつくることです。

経営計画は次の3つに分類されます。

●長期経営計画。
●中期経営計画。
●年度経営計画。

これらの経営計画を立てることにより、これから企業がどこに進むのかを明確にする必要があります。

3つの経営計画がありますが、まず手をつけるべきなのが長期経営計画で、期間は今後5年間を想定してください。

一昔前ですと、長期経営計画を立てる際には10年間を想定していましたが、現在の社会のスピード感では、5年間で想定しないと時代に置いて行かれてしまう可能性が高いからです。

今から5年後に、自身の企業がその分野においてどのような存在になっているのかを、次の5つの項目に照らし合わせて作成してください。

①自身の企業が、顧客や競合他社から、どのように見られているか（どう認知されているか）。
②その企業の中で、自分はどのような仕事をしているか（何を自身の仕事としているか）。
③どの商品・サービスが、企業のキラーコンテンツになっているか（何が企業の売上を支える商品になっているか）。
④その商品・サービスによって、企業の売上はどうなっているか（経営状況はどうなっ

長・中・短の計画はすべて繋がっている

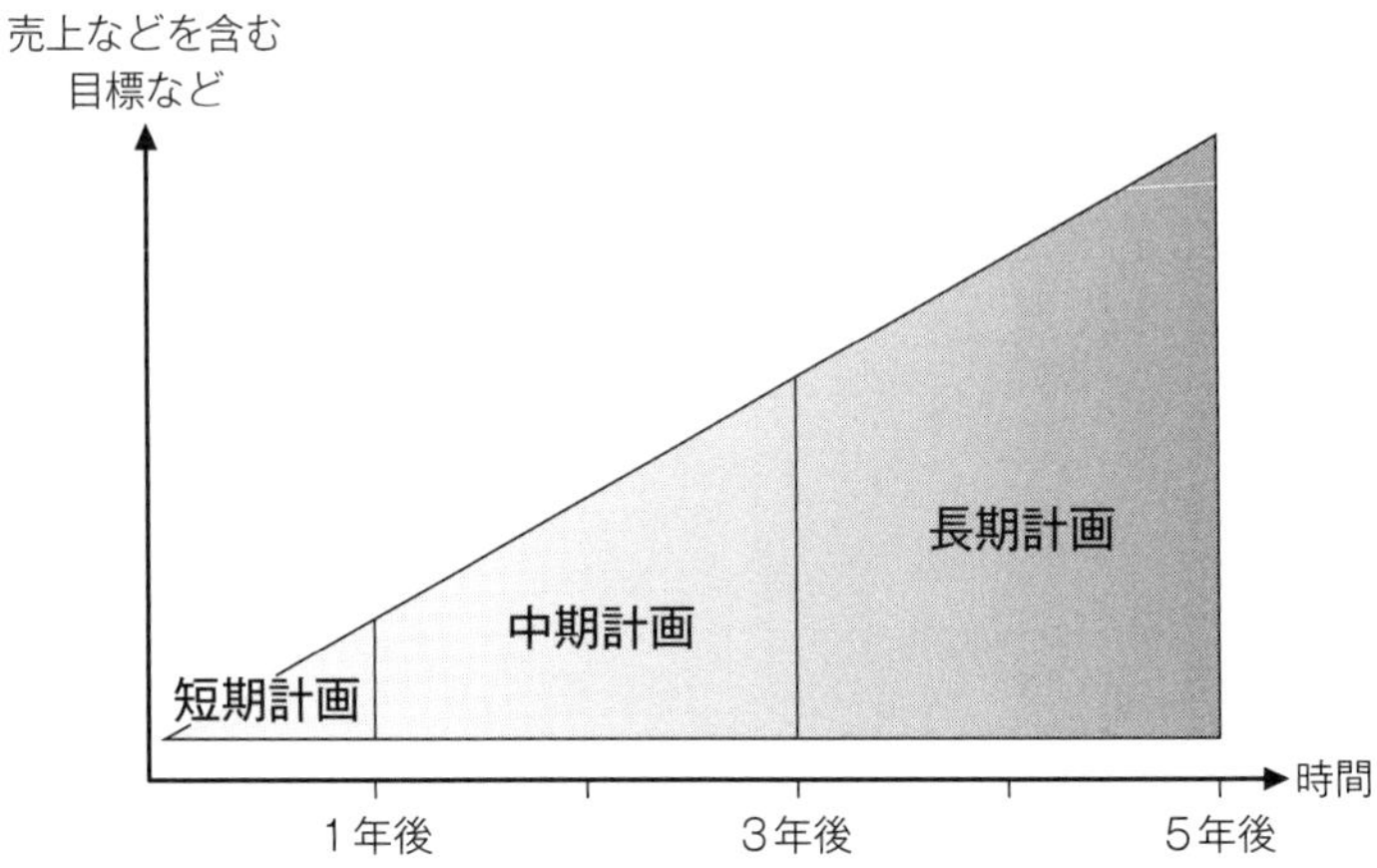

ているか）

⑤5年後に計画通りの企業になっているために、何が問題点となるのか（企業の課題や改善点は何か）。

この長期経営計画の作成において、大切なポイントは、しっかりとゴールを決めるということです。

5年後のゴールを決めることで、そのゴールまでの道のりとなる3年間の中期経営計画、1年間の年度経営計画をつくるのです。

考え方をまとめると、**「5年後のゴールを決めるために、長期経営計画をつくる」。長期経営計画を実行するために、「3年間の中期経営計画をつくる」。3年**

間の中期経営計画を達成するために、「１年間の年度経営計画をつくり実行する」となります。

経営者として企業の舵取りをする際の、ゴールを目指すコンパスの準備が、この経営計画書づくりになります。

経営計画のつくり方

では、具体的に経営計画のつくり方について説明します。

経営計画は、大きく分けて5つのステップで作成します。

経営計画書にはさまざまなフォーマットがあります。ご自身の事業に合ったものを見極めて選んだり、独自に作成してもいいでしょう。

ただ、この5つのステップとそこから導き出した要素については、フォーマットのいかんを問わずきちんと意識し、計画書へ落とし込んでください。

ステップ①——経営計画を立てるメリットを理解する

そもそも、なぜ経営計画を立てるのか、その目的とメリットを理解することからスタートしましょう。

メリット1：企業の現状や課題を整理できる。

経営計画をつくる過程で、「従業員は何人いるのか？」「企業の売上高は？」「1人あたりの生産性は？」など、内部環境に関する現状や課題を再確認できます。

また、「競合他社のシェアはどれぐらいか？」「市場の伸び率は？」というような外部環境を数字で把握することによって、頭も整理できます。

メリット2：やるべきことが明確になる。

経営計画を策定する際、「5年後に売上を2倍にするには、営業材料がどれぐらい必要なのか？」「従業員はどれだけ必要か？」「新しい事業をはじめる必要があるか？」など、具体的な数字に落とし込み、考えることになります。

達成すべき数値が明確になることで、達成に向けた具体的なプランを立てられるため、実務への落とし込みがスムーズになります。

メリット3：常に考える癖がつく。

経営計画の策定に従業員を巻き込むことによって、経営幹部からプロジェクトの担当者までが、頭を使い創意工夫するようになります。

その結果、1人1人に考える習慣が身につき、実務に落とし込んだ計画が、正しくPDCAされるようになります。

ステップ②――企業の現状を把握する

企業の現状から、強み・弱みなどを客観的に分析していきます。決算書のデータはもちろん、従業員数や構成比率といった人的リソース（経営資源）、プロジェクトごとの販売力や開発力、成長性なども分析の対象になります。

ステップ③――外部環境を分析する

企業を取り巻く環境について分析していきます。競合他社の状況（戦略・シェア・価格・品質・機能・技術力等）から、市場の成長性、顧客の傾向などを分析します。

ステップ④――計画実行のための戦略・戦術を決める

「どこを攻めると商品の強みを最も生かせるか」などを分析し、中長期的な戦略を立てていきます。さらに、「どこをターゲットに展開するか？」「どの商品に注力するか？」といった戦術も決めます。

ステップ⑤――数値目標・行動計画をつくる

戦略・戦術をベースに数値目標と行動計画をつくります。「計画を達成するためにはリソースがどれぐらい必要か」というように、逆算して数値目標を決めていきます。そのうえで数値目標を達成するためには、どのような行動をとるべきかという、具体的なプランに落とし込んでいきます。

以上のように、経営計画をつくる際には、５つのステップで作成します。

最も注意すべき点は、現実的な数値を設定し、実際に行動に移せるものにすることです。現実離れしている経営計画はやる気を失わせるだけなので、作成するだけ無駄です。むしろないほうがマシなくらいです。地に足をつけ、理想と現実に折り合いをつけながら、頭を捻ってください。

ＫＰＩを盛り込んだ経営計画をつくる

私が支援している経営者から、経営計画をつくった後に出てくる問題点として、「計画はつくったが、実行できない」という相談をよくされます。

これは、作成した経営計画の中に、ＫＰＩが盛り込まれておらず、数値管理ができていないことがその理由です。経営計画書づくりのステップ⑤にあたるところです。

ＰＤＣＡサイクルを回す際も、売上計画を組むときも、必ずＫＰＩを設定しなければなりません。

数値で管理ができないものは、その実効性が不確かになっている可能性が高いのです。

経営計画を進めるときは、「ヒト・モノ・カネ」の３つのリソースを逆算して数値目標を決めていきますが、そのすべてに関する項目にＫＰＩを導入する必要があるのです。

たとえば、利益計画（事業における「売上高」「利益」「費用」などの計画）や、資金計画（新規事業、新規出店、人員補充など、何らかの資金が新たに発生する場合、その資金をどこから調達するかの計画）においても、ＫＰＩを用いてプロセス管理をしなければなりません。

このように、経営計画とＫＰＩは深く結びついていて、ＫＰＩが欠けると経営計画の実行ができなくなってしまうのが実情なのです。

せっかく作成した経営計画が無駄にならないように、ＫＰＩが盛り込まれた経営計画を立てて実行に移してください。

◆成功する人は年度経営計画、中期経営計画、長期経営計画を必ずつくる。
◇失敗する人は年度経営計画すらも作成しない。

28

なぜ3年目から決算書をしっかり読まなければならないのか？

決算書作成（銀行等への融資相談）

フェイズ3で、決算書の話が出てくることに疑問を持たれる方もいると思います。

フェイズ2の期間でも決算申告は行われていますし、そもそも法人であれば、1期目の期末に決算申告を行っています。

しかし、あえてこのフェイズ3で決算書の話をするにはそれなりの理由があります。

それは、「そもそも、決算書をしっかりと見なくてはならないタイミングが2期目以降である」からです。

2期目が終わるまでは、決算書の心配をするよりもやるべきことが膨大で、「決算書なんて詳しく見たことがない」という人が、多く存在しているのが現実です。私のところに相談に来る経営者で、決算書の見方を知らないという人の割合は半数以上です。

確かに、起業後2年以内の経営者であれば、決算書の見方よりも、事業を成り立たせることに注力して、「決算書を詳しく見ている暇はなかった」というのも理解できます。

顧問税理士が、決算書申告まで行ってくれるので、そこまで決算書についての知識を必要としなかったのでしょう。

しかし、起業後2年間を生き残り、さらなる長期経営を目指して行く経営者が、**「決算書について知らなかった」「決算書に興味がない」では、会社にとって致命傷**となります。言うなれば、決算書は会社の通知表のようなもので、社外の人々が、自社の成績を判断するものとしても使われます。

これまでの経営を踏まえ、確実な経営計画を立てるために、決算書の役割と内容を理解しなければなりません。

決算書は、金融機関や取引先などに対して、会社のある一定期間の収支や資産状況の報告をすることを目的として、1年間の事業年度を終えた時点で作成されます。

決算書が読み解ければ、会社がどのように資金を調達して、どういった投資を行い、どのような営業活動をして、どれだけの利益を得たのかを把握することができます。

同業他社の、経営状況を判断する指針としても活用するほか、経営者が自社の経営状態、財務状態を客観的に把握するためにも役立ちます。

また、次の5つの場面で、決算書が必要になります。

●税務署に対し、会社の決算申告を行うとき。
●金融機関に融資の申し込みをしたとき（融資判断のための資料として）。
●会社と利害関係にある人が、経営状態を判断するとき。
●経営者と出資者が異なる場合、出資者に資金の運用状況を説明するとき。
●自社の経営状況を、客観的に判断したいとき。

このように、決算書はさまざまな場面で活用されます。

つまり、**自社の決算書について理解ができていない状況とは、「自分の会社について何も知らない状態である」**と言っても過言ではありません。つまり経営者は、いち早く決算書を理解して「己を知る」必要があるのです。

ある社長が嘆いた決算書の失敗

以前私に、資金繰りについて相談をしに来たある社長のエピソードを紹介したいと思います。

この社長の会社は、創業から3年が経ち、4期目をスタートしている企業でした。

幸いにも、2期目で損益分岐点を超えて会社としても黒字転換できている状況で、そろそろ事業の拡大を視野に入れて融資を受けたいと考えていました。

その会社の社長が、半分怒りを抱えながら相談に来たのです。

面談がはじまり、詳しく聞くと、どうやら銀行で融資を断られてきたようです。

法人としての損益計算書は黒字だし、実際に3期目の決算も黒字で終えたのに、なぜ銀行は融資を断ってくるのかがわからないとのことでした。

しっかりと決算もしているし、納税も終えているのに、断られる理由がわからず、私に相談に来たのでした。

「それでは前期の決算内容を教えてください」

私はいつものように社長に尋ねたのですが、社長からは一向に決算内容の説明が出てきませんでした。

どうやらその社長は、決算書作成から決算申告までを顧問税理士に一任していて、自身で決算の内容を理解していなかったようです。

要するに、税理士に言われた内容を記憶して、その情報を頼りに銀行に融資相談をしに行って断られたというのが真相でした。

となると、私の最初の仕事は決算申告書の確認からはじめることになります。

私は、3期分の法人の決算申告書を受け取り、内容を確認してすぐに状況を理解することができました。

この法人の決算申告書は、節税が主体となっており、資金調達などはまったく想定していない決算内容が顧問税理士によってまとめられていたのです。

節税を行い、納税額を抑えるということは、法人の利益を抑えるということに直結します。

つまり、せっかく好調な法人の利益を低くして、評価を下げているということなのです。

しかも資金調達で重要なポイントとなる自己資本比率（↓155ページ）まで下げていたため、銀行も融資に応じることができなかったのです。

私がこのことを社長に伝えると、深いため息をつきながら、「決算内容はすべて税理士に任せてあるからよくわからないよ」「こんな決算申告書なんて了承していない」と言いはじめました。

しかし、決算申告をすべて税理士に任せていたのは社長であり、申告書にも法人の印鑑が押されてある以上、**「知らなかった」という言い訳は通用しない**のです。

結果、この社長は融資をあきらめて、事業拡大のチャンスを逃してしまったのです。

このように、法人の代表である社長が、自身の会社の決算内容に精通していないと、不測の事態に陥ってしまうことがあります。

確かに決算申告は馴染みが薄いですし、わかりにくい箇所もたくさんあります。しかし、自身の会社の存続がかかっているとすれば、最低限の知識を得ておくことは、経営者としての責務でもあるのです。

最初はなかなか苦労しますが、慣れてくれば理解することは十分に可能です。

この決算書の理解は、必ず事業の継続の役に立ちますので、あきらめずに挑戦してください。

そして、決算書の作成の際には、すべてを税理士に任せるのではなく、自らも参加するつもりで準備をすることが重要です。

◆成功する人は自社の決算書作成に参加する。

◇失敗する人は自社の決算書作成を税理士任せにする。

29 節税ではなく、資金繰り優先の決算書の作成基準とは？

決算書作成（銀行等への融資相談）

前節のエピソードに出てきた社長が融資を受けられなかった理由は、税理士に決算書の作成を丸投げしていたことが原因でした。

そうした失敗を防ぐためにも、経営者は決算書の作成基準について知識と理解を深めなければなりません。**作成を依頼する税理士との打ち合わせ時に必ず役立ちます**ので、ぜひ覚えておいてください。

これまでの会社の決算書といえば、いかに納める税金を減らすかということがポイントとされてきました。実際に、節税に長《た》けた税理士が評価され、経営者も節税の依頼を税理士に相談するという風潮が長く続いていました。

しかし、現在においては、節税だけできればいいという考え方は、時代遅れとなっています。

事業の長期的な継続を目指す経営者にとって、避けては通れないのが資金繰りです。

この資金繰りを行うためには、**節税ばかりを意識した決算書は、「資金調達」の足枷になってしまう**のです。

つまり、「節税」と「資金繰り」は反比例する行為となるということです。

税理士自体も、税理士であれば仕事が溢れていた「税理士1.0」の時代が終わり、いかに節税ができるかで仕事の依頼量が変わる「税理士2.0」の時代となりました。しかし、その「税理士2.0」の時代も、終わりを迎えつつあります。

現在の税理士のトレンドは、最低限の節税は考慮したうえで、資金調達が可能な決算書をつくることができる「税理士3.0」の世界に入ったのです。

しかしながら、未だ「税理士2.0」のステージにいる税理士は、数多く存在します。

つまり、経営者の皆さんが、自社の顧問税理士がどのステージにいるかを見定めなければならないのです。

もし、「税理士2.0」のステージにいる税理士が顧問であれば、経営者自らが決算書の作成について、税理士と打ち合わせをしなければなりません。

そのためにも、しっかりと決算書について理解して、「どのような決算書にしたいのか」という、明確な意志を持つ必要があります。

これも、長期的な経営を望むうえで、経営者が行う重要な項目となってきます。

資金調達で求められている決算書

銀行等の金融機関に、資金調達をお願いする際には、必ず決算書が必要になります。

もちろん、決算書の財務状況に問題がなく業績好調であるならば、問題なく融資を受けることができると思います。

とはいえ、そのような状態であれば、そもそも資金調達の必要性は低いでしょう。

やはり、資金調達が必要なタイミングは、ランニングコストの追加であったり、支払いのための準備金が必要だったりすることがほとんどです。

そうなると、決算書の内容によっては、融資を受けることができない可能性が出てきます。

たとえば、決算書の表面は赤字や債務超過ではないけれども、よく中身を読み解くと、実質債務超過になりそうな場合は、融資にストップがかかる場合が多々あります。

これは、決算書の作成において、処理の仕方や決算の対策を怠ったことが原因で起こってしまった失敗例となります。明確な意志を持たずに、作業的に決算書類をつくってしまうと、このような事態を招いてしまうということです。

また、**節税のしすぎによって、決算書の数字が悪くなる**ケースも多々あります。

一般的に節税とは、「売上を減らすか経費を増やすか」が基本です。

しかし、経営者として、売上を減らすことはなかなか考えづらいので、そうなると経費を増やすという選択をしがちです。「経費を増やせば利益が落ちて、会社としての決算書の数字が悪くなる。そうなると融資審査においても不利になり、融資を断られるという状況になってしまう」ということです。

このように、決算書をどのように作成するかによって、経営の大事な生命線である「資金調達」ができなくなってしまう可能性があるのです。

決算書による企業格付け

皆さんは、金融機関が、決算書によって企業を格付けしていることをご存じですか。

第1段階は、決算書の数字をコンピューターに入力して、財務分析による評価を下します。

第2段階は、各企業の業種や業態を分類して、今後の売上の伸び率や、将来性などを評価します。

最後の第3段階は、代表者の資産状況やその他の背景を加味して企業格付けを行います。

企業格付けの区分のイメージ

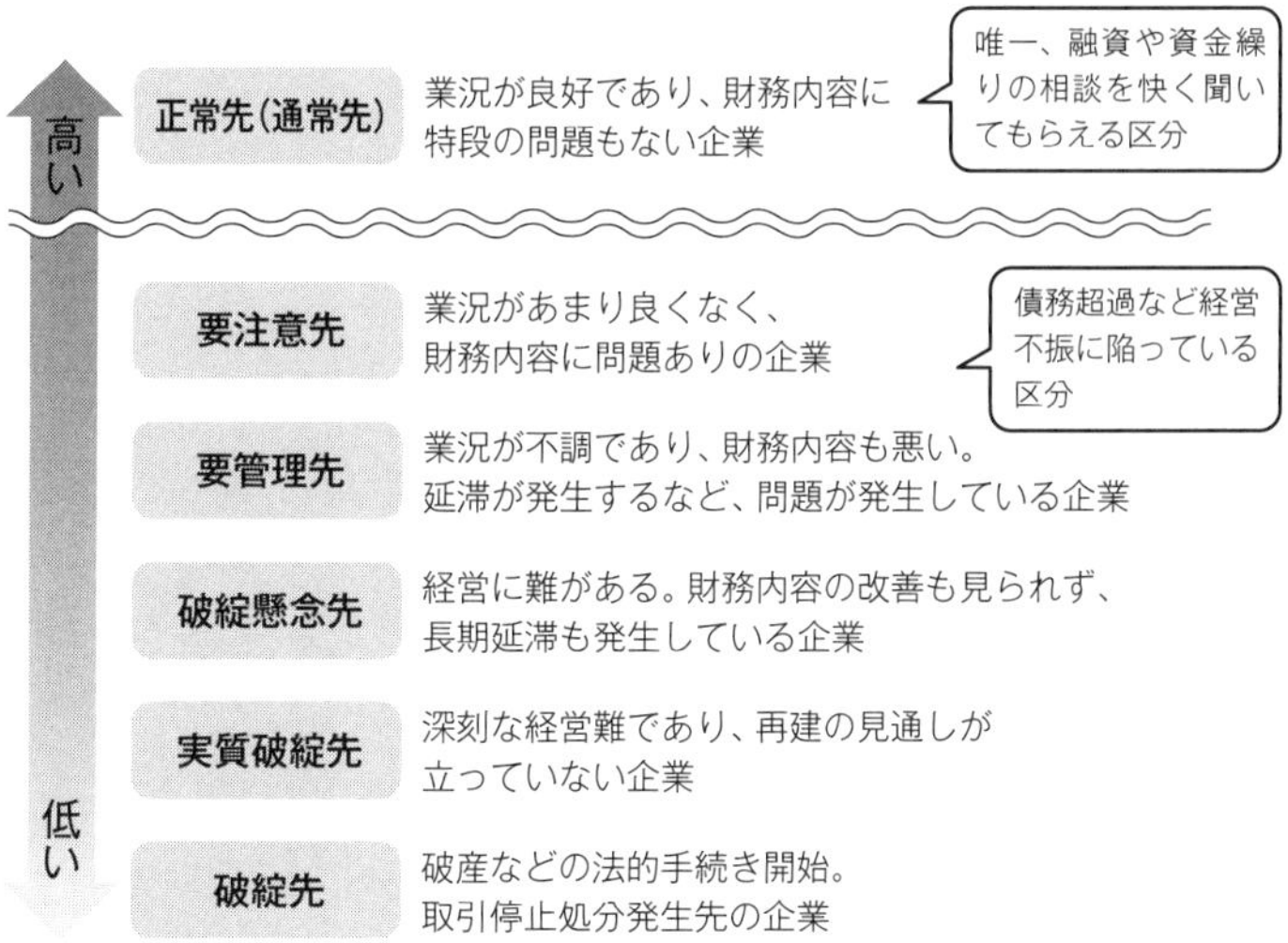

区分	説明	補足
正常先(通常先)	業況が良好であり、財務内容に特段の問題もない企業	唯一、融資や資金繰りの相談を快く聞いてもらえる区分
要注意先	業況があまり良くなく、財務内容に問題ありの企業	債務超過など経営不振に陥っている区分
要管理先	業況が不調であり、財務内容も悪い。延滞が発生するなど、問題が発生している企業	
破綻懸念先	経営に難がある。財務内容の改善も見られず、長期延滞も発生している企業	
実質破綻先	深刻な経営難であり、再建の見通しが立っていない企業	
破綻先	破産などの法的手続き開始。取引停止処分発生先の企業	

高い　→　低い

この企業格付けで、通常以上の評価を受けないと、融資はかなり厳しくなります。

上図は企業格付けの区分を解説したものです。

この評価は、債務者の財務状況・資金繰り・収益力などの、返済能力や、債務返済の履行状況によって区分されます。

この区分の中で、唯一正常先（通常先）だけが、融資やその他資金繰りなどの相談を快く受け付けてもらえるのです。

では、「正常先（通常先）」になるためには、どのような状態が必要かというと、「良好な財務状況」が必須の条件となります。

つまり、決算書が債務超過の状態ではなく、当期純利益も黒字であるということです。すべては決算書の内容によって判断され、その決算書の作成状況が金融機関との円滑な取引を左右するということなのです。

◆成功する人は利益を計上した決算書の作成を依頼する。
◊失敗する人はとにかく節税した決算書の作成を依頼する。

30 小規模な企業でもできるスクラップアンドビルドとは？

スクラップアンドビルドの検討

長期的な経営をしていく中で、さまざまな問題や壁にぶつかるのは当然のことです。

そのときの経営判断としてスクラップアンドビルドという手法があります。

この手法は、「現状を壊して、新たなモノを創り出す」という考え方で、目的としては行きづまった現状を打破することにあります。

スクラップアンドビルドというと、飲食業や小売業などを営む企業が、拠点展開している中の一部の店舗が不採算に陥り、それが将来的に挽回できないという予測に至った際に、不採算拠点を閉鎖（スクラップ）し、新たな拠点をつくる（ビルド）というケースを思い浮かべる人が多いでしょう。

確かにこのケースは、スクラップアンドビルドの典型例ですが、スクラップアンドビルドには、飲食業や小売業以外にも活用できる考え方があります。

それは、**「変化する地域の顧客のニーズに対応して企業戦略を検討し直すという、企業が成長するための重要な戦略である」**ということです。

ぜひ皆さんも、問題に直面したり、壁にぶつかった際には、この考え方を思い出してください。全力で前に進むだけが経営ではありません。**時には立ち止まったり、撤退したり、方向転換したりするのも重要な経営判断**です。

スクラップアンドビルドとは比較的、規模の大きな企業の経営手法となっています。

たとえば、マクドナルドの原田元社長時代の2009年は3715店舗ありましたが、2010年には3302店舗にまで減らすというスクラップアンドビルドが行われました（約410店舗の減少）。

これは俗に言うマクドナルドの戦略的閉店と呼ばれるものですが、立地・規模・設備水準が、本部の指定する規格に合わない店舗は黒字であっても閉鎖するという思い切った戦略でした。

そこには「マクドナルドのブランド価値を向上させる」というねらいがありました。

これによってマクドナルドはサービスの効率化・最適化をはかり、さらなる飛躍を遂げることになったのです。

飲食業・小売業以外にも活用できるスクラップアンドビルド

私の支援先の企業で、ハウスクリーニング店を10店舗経営している人がいました。

昨年までは8店舗を経営しており、比較的順調に業績を伸ばしていました。

しかし、年が明けてすぐに2店舗開店させて、無理やり10店舗にしたそうです。その理由は、2桁店舗を持つことが、昔からの夢であったということでした。

しかし、これが業績悪化への第一歩になりました。

ただでさえ狭いエリアをドミナント展開（地域を絞ってチェーン店を集中的に出店し、独占状態を築くこと）して、コストを下げて売上を上げる戦術を取っていたのに、無理やり出店した影響で顧客の取り合いになったり、サービスレベルが落ちたりして、それまではなかった悪評が出るようになりました。

さらに人件費が高騰して収支が悪くなり、仕事が減って会社全体の士気も落ちました。前年とはまったく違う雰囲気の会社になってしまったのです。

そこで私は、この経営者にスクラップアンドビルドをすすめました。

しかしながら、このスクラップアンドビルドは、ただ店舗を閉鎖するのではなく、最適な店舗数に減らす一方、店舗によって提供するサービスを変え、顧客の奪い合いを防ぐ意味がありました。その結果、閉鎖する店舗は1店舗だけで済み、業績悪化も何とか止まり、以前までの明るい雰囲気の会社に戻っていったのです。

ただ店舗を潰すことだけがスクラップアンドビルドではなく、経営の最適化・効率化を目指すための手法でもあるのです。

スクラップアンドビルドのタイミング

このスクラップアンドビルドは、メリットの他にデメリットも存在します。

特に、企業における金銭的リスクが発生しますので、使うタイミングが重要です。

たとえば、**スクラップアンドビルドがなければ発生しなかったコスト負担が、必ず存在**します。場合によってはかなりのコスト負担になります。

ですから、経営者であれば、あえて戦略的にスクラップアンドビルドを実施する場合を除いては、あらゆる仮説と検証を積み重ねて、回避するための手を打っていくのです。

例を挙げると、ある拠点が他の拠点と比べて業績不振に陥った場合、経営者としてとるべき行動は、その拠点固有の原因を見つけ出すことです。

なぜならば、他の拠点でも同じ原因を潜在的に抱えている可能性が大きいからです。

しかし、業績不振に陥っている拠点なので、時間をかけてじっくり改善に取り組むなどという、悠長《ゆうちょう》なことは言っていられないのが実態です。

経営赤字の状況を一刻も早く食い止めるために、撤退か否かの経営判断を迫られる中で、仮説と検証をスピーディに繰り返します。いくら改善の可能性のある一手が見つかったとしても、時間との勝負がかかっている中、金銭的にもスピードにも耐えうる一手でなければ意味はありません。

その場合、最終的に経営者の判断として、スクラップアンドビルドに踏み切るのです。

スクラップアンドビルドとは、最初から乱発するものではなく、可能な限りの手段や対策を取ったうえで、それでも解決できない場合の最終手段なのです。つまり、経営判断をする際の、最後の切り札として持っておいてほしいのです。

スクラップアンドビルドの手法

では実際に、スクラップアンドビルドを選択しなければならない際の手法について説明します。

まず、企業全体で、業務プロセスのどこに売上不振を招いた原因が生じていたのかを、一から探っていきます。その検討結果を、経営判断に耐えうるように、数値化していくのです。

こうした企業内の、あらゆる業務プロセスを総ざらいすることにより、売上不振の原因を探し出します。そのうえで、無駄なコストの原因を探り出し、最終利益を増やしていくための道筋を生み出すために、スクラップアンドビルドを計画するのです。

スクラップアンドビルドの実行の際には、次の3つのポイントを基本に行ってください。

①S＝シンプルにする(Simplification)

スクラップアンドビルドに必要なものは、より計画をシンプルにすることです。効率の悪い業務プロセスや、時間のかかる承認手続きなどは排除して、トップダウンで行う必要があります。

②A＝アクセルを踏む(Acceleration)

スクラップアンドビルドに必要なものは、アクセルを踏んで加速することです。この状況で何より大切なことは、凄まじいスピードで行うことです。その処理が早ければ早いほど、効果が現れます。

③M＝マルチ化する(Multiplication)

スクラップアンドビルドに必要なものは、計画をマルチ化させることです。自分にはない能力や技術を持った人物とチームを組み、最高の結果を出せる最強のチームで取り組むことが重要です。

この3つのポイントの頭文字を取った「SAM」方式で、スクラップアンドビルドに臨んでください。企業の舵取りは、経営者であるあなたの決断がすべてとなります。

◆成功する人はビジネスにおける前進・撤退・方向転換が非常に速い。

◇失敗する人はすべてにおいて決断できない。

31

出口戦略の選択肢の1つM&Aとは?

M&Aの検討

昨今のビジネス業界において、繁栄と倒産の他に、第三の選択肢が登場しました。それが「M&A」という選択肢です。

これは、買収企業にとっても売却企業にとっても、非常に効率のよい選択肢であり、従来の「事業の失敗＝倒産」という概念を覆す、新たな一手として注目されています。

M&Aは企業の成長を図るために、効率よく事業拡大をする手法であり、事業の失敗の際に売却することより、ダメージを最小限に抑える効果もあります。

フェイズ3の段階の企業にとって、**出口戦略をいくつか持っていることは重要なポイントとなります。**このM&Aをしっかりと理解し、自身の選択肢に加えておいてください。

M&Aとは「Mergers（合併）& Acquisitions（買収）」の略称で、直訳すると「合併と買収」と訳されます。

簡単に言うと、「ビジネスの売買（買収）」「複数のビジネスを1つに統合（合併）」するための手法のことです。

売り手の会社は、事業承継や資金調達、コア事業への集中、企業の生き残りを目的としてM＆Aを戦略的に実行します。

一方で、買い手の会社は、事業規模を広げる目的や、新規事業の実施を目的として、M＆Aを戦略的に実施するのが一般的です。

皆さんも、経営判断でM＆Aを選択する際には、しっかりと目的を明確にしてから取り組んでください。

近年増加する中小企業のM＆A

中小企業がM＆Aを行う理由の1つには、事業承継問題を解決するためというものもあります。

現在の高齢化や職業選択の多様化により、多くの中小企業が後継者不足に悩まされています。

これまでは、後継者不足により事業承継できない場合には、廃業する選択肢が一般的でしたが、これまで培ってきたノウハウや技術がなくなることは、経営者にとって非常に残念なことです。

また、廃業するのは、従業員や取引先にも大きな迷惑がかかりますし、日本の経済を支える中小企業が減っていくことは、国としても大きな損失です。

そんな中、2000年代初頭に、大手企業同士のM&Aが頻繁に行われたことを皮切りに、M&Aの有効性が広く知られるようになりました。

ところが、M&Aは、その否定的な面ばかりが語られる傾向にあります。

理由としては、M&Aが、「敵対的な合併や買収」のみだと思っている人が多いからかもしれません。

しかし、M&Aには、友好的な合併や買収もあり、企業競争力の強化や、新規事業の多角化を目的とした、業務提携などを締結する場合もあります。

また、国が全面的に中小企業の事業承継のサポートや、M&Aの推進を開始したことにより、**現在は多くの中小企業が、M&Aの活用により経営課題を解決しています。**

M&Aの目的と手法

まず、M&Aを行う目的としては、次の3つが挙げられます。

新事業への進出

M&Aにおいて、買い手で最も多い動機が、新事業への進出です。

通常、ゼロから新規事業を立ち上げるとなると、相応のコストと時間がかかります。しかし、M&Aであれば、新規事業と同じ事業分野の既存の会社を直接買収することで、設備や人員、顧客などを引き継ぐことができるのです。それにより、新規事業を立ち上げる際にかかる負担を大きく減らすことができます。

経営再建

M&Aで、経営再建を目指す会社も多くあります。中小企業では、資金や規模の都合上、経営が行き詰まると立て直せなくなるケースが少なくありません。

しかしM&Aで大企業に買収されれば、資金面での助けを受けられやすくなり、大企業のノウハウを得られるようになります。大企業のバックアップを得られるようになれば、経営再建も進むようになります。

事業承継

中小企業を中心に、事業承継もＭ＆Ａの目的です。

中小企業は、経営者が高齢化しているうえに、経営を引き継ぐ後継者不在の会社が増えています。このような会社は、経営者の引退と同時に廃業してしまうケースが多いのです。しかしＭ＆Ａによって、第三者に会社を託すことができれば、会社を存続させられるようになります。

Ｍ＆Ａを行う多くの企業では、これら3つのいずれかを目的としています。

また、Ｍ＆Ａを行う手法も1つではなく、その目的と内容によって選択することができます。

一般的にＭ＆Ａの手法と聞くと、株式譲渡や事業譲渡、合併、会社分割を思い浮かべる人が多いですが、Ｍ＆Ａには、他にもさまざまな手法があります。

たとえば、株式の持ち合いもＭ＆Ａ手法の1つです。

株式の持ち合いとは、複数企業が相互に相手企業の株式を持つ手法で、安定株主の形成や、敵対的買収の阻止を目的に活用されるＭ＆Ａ手法となっています。

他にも、業務提携もＭ＆Ａ手法の1つとなっており、製品開発の面で企業同士がお互いに協力することで、単独で事業を行うよりも結果を出せるメリットがあります。

堅実な介護事業者を襲った後継者問題

昨今は、介護施設やシニアリビング業界といわれる、老人ホームや高齢者向け住宅の運営を行う会社は、同業・異業種問わずM＆Aが加速しています。

稼働率の引き上げを目指す一方、人材不足や入居者の確保が難しいなど、さまざまな問題から経営が逼迫《ひっぱく》し、売却を決断する事業者も少なくありません。

同じ介護サービスを行う会社や保険会社など、買い手企業の業種はさまざまです。

少子高齢化や人口の減少によって、他のビジネスが衰退していく中、介護分野に進出することで高齢者のマーケットに進出し、顧客の囲い込みを行うことを目的とした買収も増えています。

私のクライアントに介護事業を長く経営されている人がいました。

その企業は、訪問介護をメインに事業を行っており、地域の高齢者が利用し、また地元の主婦が中心となってサービスを提供する地域密着型の企業として、堅実な経営を行ってきました。

この経営者は、これまで日々の業務に追われ、後継者問題の解決を先延ばしにしてきました。それが、体調を崩し検査入院したことをきっかけに、今後のことを真剣に考えるようになったそうです。

すでに60歳を超えている自らを冷静に見つめ直し、M＆Aに興味を持って調べていく中で、その道の可能性を相談に来たのでした。

私自身も悪くない選択肢であるとお伝えし、既存の顧客が安心して利用でき、スタッフの雇用も守ってくれそうな規模の大きい企業ということを条件に、譲渡する企業を探しました。

最終的に成約したのは、全国規模で介護事業を展開している企業でした。

地域に根差したこれまでのサービス内容はそのままに、経営面での新たな企業のテコ入れにより、これまで以上の利益が出るようになりました。

経営がさらに安定して、スタッフのモチベーションも上がり、お互いにメリットの大きい理想的なM＆Aになったのです。

ちなみに、この経営者は、M＆Aの売却金を受け取ったうえに、買収企業の部長として、70歳まで働くことになったそうです。

この条件面も、スムーズにM＆Aが成功した理由の1つかもしれません。

このように、M&Aは以前よりも、格段に身近な存在になってきています。

経営判断をしなければならない経営者にとって、もはや他人事では済まされない状態となっているのです。

事業の展開とリスクヘッジを考えることは、経営者の重要な役割です。

常に情報をキャッチして、企業を取り巻く環境を知ることが、事業の継続に繋がるのです。

◆成功する人は常に事業展開とリスクヘッジを考えている。

◇失敗する人は事業のリスクヘッジに対して鈍感である。

32

成功する人はビジネスの失敗に対してどのように向き合うのか？

〜失敗を乗り越える強さを得る

経営者が、長期的な事業経営を目指す際にかなりの確率で陥ってしまうことは、一度のプロジェクトの失敗を、長く引きずってしまうことです。

これまでに、連戦連勝をしてきた経営者ほどそのダメージは大きく、一度の失敗で再起できなくなってしまうこともあるのです。

これは、多くの経営者と接してきた私の見解ですが、**経営者としてずっと連戦連勝を続けることができる人は、まずいません。**

どんな経営者でも、勝ちと負けを繰り返して大きく成長するのです。

特に、起業後2年間が過ぎて、これから長期経営を目指す経営者は、数え切れないほどの失敗を経験することでしょう。

「プロジェクトが想定通りに進まず、損失が出てしまった」

「資金調達がうまくいかず、新規事業のタイミングを逃してしまった」
「新商品が売れずに、在庫だけが残ってしまった」
「売上が計画通りに上がらず、人員の削減をしなければならない」……

例を挙げてみても、キリがないほど失敗例はありますが、ビジネス界に生き残ることができる人は、これらの失敗を乗り越えて活躍している人がほとんどです。

また、失敗を繰り返すことにより、失敗しない方法を学ぶことが重要なのです。

自分に克つということ

はじめにお伝えしたいのが、自分に負けないために必要なのは、強い精神力だけではなく、自分に負けない方法を知るということです。

どれほど連勝を続けていても、たった一度の負けで完全に心が折れてしまったら、そこでおしまいです。

大切なのは、自分に克つメンタルの構築とその方法なのです。

私は「かつ」には2種類あると考えています。

最後に成功する経営者は、他人との勝負に「勝つ」こと以上に、自分に「克つ」ことに

強く執着しているものです。

なぜなら、他人との勝負は時の運や相手との力関係があるので、必ず勝てるとは限りませんが、自分との勝負は、その気になれば100％勝てます。

やるかやらないか、続けるか続けないかを選ぶのは、他の誰でもなく自分自身です。

たとえ些細《ささい》な行動であっても、自分に克ち続けている人は、長期的な経営においても、安定した結果を出しています。

ただし、ここで勘違いしてほしくないのは、自分に克つのに必要なのは、強い精神力だけではないということです。

自分に克てないのは、「自分に克つための3つの方法」を知らないからなのです。

- ●理念と目標をしっかりとつくり、常に自分の中に持ち続ける。
- ●問題発見力を磨き、改善策を考え続ける。
- ●人間的魅力を高め、理念と目標達成ができるリーダーを目指す。

この3つの方法を実践していけば、自分との勝負には必ず克てるようになります。

皆さんは、強いメンタルを育てながら、「自分に克つための3つの方法」を実践して、成功を手に入れるまであきらめない経営者を目指してください。

あきらめなければ可能性はある

「自分に克つ」ということは、「自分の弱さに負けずにあきらめない」ということです。

他人との勝負であれば、負けることも当然あります。

しかし、自分に克つということであれば、「あきらめたらそこですべてが終わる」ということを理解して、「何事もやりきる」という意志があれば可能なのです。

以前、私のところに相談に来た人は、まさに自分に負けそうになる寸前でした。

ケータリングサービスの事業を経営されている経営者で、すでに3年間の事業実績がありました。

しかし、人手不足を解消するために、通常の倍以上の募集広告費を払い、銀行からの融資を受けて設備も整えたタイミングで、自然災害に巻き込まれたのです。

屋内・屋外のケータリングサービスをしている会社であったため、注文依頼はすべてキャンセルとなり、募集広告費と設備投資費だけが大きな赤字となり、経営が逼迫しました。

政府や行政からの支援もなく、心が折れかけているときに、最後の頼りとして私に連絡してきたのです。

まず私がこの経営者に話したのは、あきらめて終わりにするか、可能性にかけるかという二者択一の質問でした。もしここで、あきらめたいという意識が強いようであれば、10分で面談を切り上げて、整理のために弁護士にコンタクトを取っていたことでしょう。

しかし、この経営者は3年間も経営を続けてきただけあって芯は折れていなかったのです。

早速私は、現時点での目標を再設定して、経営計画を修正しました。

そして、現在の問題点を洗い出していったのです。

その時点での一番の問題点は、借入金の返済ということが明確になったので、金融機関に対して返済計画の修正案（リスケジュール）を作成しました。

また、この経営者にも、目標達成するためのマインドセットを再度行っていただきました。

地元が自然災害でダメージを受けている今だからこそ、さまざまな施設や屋外でケータリングイベントを企画して、打って出る作戦を実行したのです。

これが非常に高評価を得て、仕事だけではなく、従業員も自然に集まってきました。

最後の最後まであきらめずに、「自分に克つ」ことができたからこその大逆転勝利となったのです。

プロジェクトの失敗はウェルカムと考える

新しいプロジェクトにおいて、仮説を立てて行動して検証するということは、必須事項といえます。

要するに、PDCAサイクルを回すということです。このPDCAサイクルを回す際に、常に隣り合わせなのが、「失敗」という2文字です。

新しいプロジェクトに取り掛かる場合は知らないことが多すぎて、失敗の連続です。この失敗にいちいち悩んでいたら、何も進められず、何もはじまりません。

「これかな」という仮説が立ったのなら、臆せずに実行しなければならないのです。

その行動が、すべてのはじまりであり、その結果を検証して調整・修正することこそが、新しいプロジェクトへの成功の道となるからです。

「失敗はウェルカムだ」という意識でプロジェクトに向き合うことが重要です。

そうすることによって、「成功に向けて前進している自分」を実感することができますし、**「失敗」は今後の仮説設定や、プランづくりの精度を上げる「成果」であると考えることができるようになります。**

人が歩みを止めてしまったり、あきらめてしまうには3つの原因があります。

①ゴールが見えない：どこへ向かおうとしているのかわからなくなる。
②道のりが見えない：今の努力に意味があるのかわからなくなる。
③手段が見えない：現在行っている方法をこのまま続けていいのかわからなくなる。

この状態にならないように、すぐに上を向いて歩み続ける原動力になるのが、「失敗はウェルカムだ」という思考です。

繰り返しになりますが、**ビジネスにおいては一度の失敗は負けにはなりません。あきらめてしまうことが、負けなのです。**

常に上を向き、歩み続ける行動こそが、成功への近道なのです。

◆成功する人は簡単にあきらめず、負けを認めない。
◇失敗する人は一度の失敗であきらめてしまう。

フェイズ3 まとめ

経営者としての意識と決意、行動が、いかに長期的な事業継続に影響を与えるかが見えてきたのではないでしょうか。

「長期的な事業継続は、勢いのみでできることではありません。これまでの経験と知識と人脈をフルに使って、戦いを勝ち抜いていかなければならないのです。そして、そのカギを握るのはあなただけなのです」

これは私が経営戦略のサポートをする際に、クライアントに必ず伝える言葉です。

私の知る限り、フェイズ3で脱落してしまう経営者の特徴は「変化を嫌う」ことです。

安定・現状維持というと聞こえはいいかもしれませんが、企業、そしてビジネスにおいて、この言葉が頻繁に出てくるようになったら黄信号だと思ってください。なぜなら、あなただけではなく、競合他社も生き残るために、少しでも向上しよう必死だからです。歩みを止めてしまえば、すぐに追い抜かれます。つまり、刻々と変化する競争の中で「現状維持」ができるわけがないのです。

フェイズ3で解説したイノベーションや経営計画づくりなどは、さらなる企業の「成長」に繋げるためのものでした。歩み続けた経営者だけが、真の成功者となれるのです。

♦成功する人はさらなる成長を目指す。

◇失敗する人は現状維持に甘んじる。

あとがき

誰かができたのなら、必ずあなたにも

最後まで読んでいただき、ありがとうございました。

「まえがき」でも書きましたが、私はこの本を通じて、起業家の皆さんに5年以上の事業継続を成功させて、ビジネス界に生き残る起業家になってほしいという思いで書きました。何か1つでも皆さんの起業の役に立てれば幸いです。

ここまでは、皆さんに失敗せずに起業し、事業を継続してほしいという思いから、厳しい現実もたくさんお伝えしてきました。

そこで、最後に私の好きな言葉で皆さんにエールを送りたいと思います。

「誰かができたのなら、必ずあなたにもできる」

これは、私の中に常にあるエイブラハム・リンカーンの言葉です。

つまり、できるかどうかは、自身の思考と決断次第であるということを、皆さんに理解してもらいたいのです。

現代では、「成功者は楽観主義という資質を持っている」ということもいわれています。要するに、「あきらめない心」を持ち、「ポジティブ」に考えることができるかが、重要なポイントとなるということです。

読者の皆さんには、このようにポジティブな、長期的な企業経営ができる経営者になっていただきたいと願っています。

2020年3月

金原 隆之

金原隆之（きんばらたかゆき）

税理士法人ＪＮＥＸＴマーケティング部マネージャー、株式会社Total Agent代表。起業コンサルタント（インキュベーター）として、起業・資金調達のサポートはもちろんフランチャイズの開業支援や会社設立にも精通している。自身のサポートを受けて起業した企業の２年後の生存率は、平均を大幅に超える驚異の80％を継続。資金調達においては創業融資のプロとして年間５億円以上を調達している。また、中小企業の経営財務顧問としても活躍しており、これまでの総資金調達額は70億円を超える。

起業で成功する人、失敗する人

２０２０年４月１日　初版発行

著　者　**金原隆之**
発行者　**太田 宏**
発行所　**フォレスト出版株式会社**
〒１６２-０８２４　東京都新宿区揚場町２-18白宝ビル５Ｆ
電　話　０３-５２２９-５７５０（営業）
　　　　０３-５２２９-５７５７（編集）
ＵＲＬ　http://www.forestpub.co.jp

印刷・製本　**萩原印刷株式会社**

ISBN978-4-86680-077-6　Printed in Japan

起業で成功する人、失敗する人